www.tredition.de

AF205020

Andreas Schild

Welche Schweiz für morgen?

Verlag und Druck: tredition GmbH, Halenreie 40-44, 22359 Hamburg
Umschlagbild: Ambrogio Lorenzetti, Von guter und schlechter Regierung.
„Saal der Neun" im alten Rathaus von Siena (1338)

ISBN
Paperback: 978-3-347-08951-8
e-Book: 978-3-347-08953-2

Die Deutsche Nationalbibliothek verzeichnet diese Publikation in der Deutschen Nationalbibliografie; detaillierte bibliografische Daten sind im Internet
über http://dnb.d-nb.de abrufbar. Inhaltsverzeichnis

Inhaltsverzeichnis

Vorwort

Dieser Bericht entstand vor der Corona Krise und wurde nachträglich nicht überarbeitet. Der Grund liegt darin, dass ich der Meinung bin, dass die Aussagen und Vorschläge durch die Pandemie nicht an Aktualität verloren haben. Im Gegenteil, sie müssten heute noch prägnanter formuliert werden.

Mit der jetzigen Gesundheitskrise ist erstmals eingetroffen, wovon schon lange gewarnt wurde: Eine Viruserkrankung hat die ganze Welt erfasst. Die Gefahr der Pandemie ist Wirklichkeit geworden. Bei Ebola und SARS sind wir in Europa blosse Beobachter geblieben. Jetzt sind wir erstmals auch Opfer geworden. Die Corona Epidemie ist so gesehen eine Art gesundheitlicher Nachvollzug der Globalisierung.

Aus Distanz wird die jetzige Krise eine andere und neue Beurteilung erfahren. Bereits jetzt drängen sich jedoch gewisse Lehren auf:

1. Die Staaten, welche bereits Virus Epidemien erlebt haben, waren jetzt besser vorbereitet. Sie haben ihre Hausaufgaben gemacht und konnten effizient reagieren. Wir wurden für unsere Nachlässigkeit bestraft. Das Hauptkriterium für das erfolgreiche Bestehen war nicht Demokratie oder Diktatur, sondern die Frage, wie gut die Gesellschaft und der Staat vorbereitet waren. Bei uns war das neoliberale Sparen wichtiger als die Gesundheitsvorsorge. Wir müssen also mehr vorsorgen, auch wenn es kostet. Der Präsident von Economie Suisse hat dies in einem Interview deutlich gesagt: Wir haben in einem Monat mehr ausgegeben als wir in den letzten 20 Jahren gespart haben. Vielleicht hätte weniger sparen uns besser geholfen, uns auf eine Pandemie vorzubereiten.

2. Der Service public, an dem wir seit den 80er Jahren des letzten Jahrhunderts gespart haben muss gestärkt werden. Besonders

deutlich ist dies im Gesundheitsbereich. Nachhaltig werden die Nachwirkungen im Bildungswesen sein: Homeschooling zeigt nicht nur die gesellschaftliche Bedeutung der öffentlichen Schulen. Es zeigt auch, dass bildungsferne Familien zusätzlich benachteiligt sind. Homeschooling vergrössert die sozialen Unterschiede und verkleinert die Chancengleichheit.

3. Der Sozialstaat hat Robustheit und Krisenfestigkeit gezeigt. Seine Abwesenheit kann in voller Macht in der Vereinigten Staaten beobachtet werden. Die Konsequenzen werden für die amerikanische Gesellschaft verheerend sein. Sie werden auch die Entwicklung der Weltwirtschaft und der schweizerischen Exportwirtschaft beeinträchtigen.

4. Die Abhängigkeit vom Weltmarkt, ja von wenigen Produzenten für die Grundstoffe wichtiger Medikamente, zeigt die Verwundbarkeit unserer Gesellschaft in Zeiten der Krise. Die spontane Reaktion, Rückzug hinter die nationalen Grenzen, ist keine Antwort. Der Nationalstaat wird jedoch an Bedeutung gewinnen. Wir werden die Globalisierung differenzierter beurteilen und deren Rückbau genauer analysieren müssen.

5. Erschreckend ist das Versagen der internationalen Organisationen, sei es die UNO oder die EU. Allerdings: Die Krise hat nichts Neues zutage gebracht, sondern hat die Grundsituation, wie sie sich in den letzten Jahrzehnten entwickelt hat, bestätigt. Die Schwäche der internationalen Solidarität und die Unfähigkeit sich über nationale Egoismen hinweg zu setzen, reduziert aus Sicht des Kleinstaates Schweiz allerdings nicht die Notwendigkeit von internationalen Regeln und einer minimalen globalen Gouvernanz.

6. Das gute Funktionieren der staatlichen Institutionen hat an Bedeutung gewonnen und wird in den kommenden Jahren nachhallen. Die Herausforderung im politischen Prozess wird sein, dass wir die Robustheit und Krisenfestigkeit der Institutionen erhöhen, ohne die Eigenverantwortung der Bürger und das Prinzip der Subsidiarität zu schwächen.

Die Bewältigung der Pandemie und ihrer Folgen sollten uns aber auch eine Warnung sein:

- Unser Wohlstand hängt bedenklich vom Wohlergehen der Welt ab. Praktisch jeder erfolgreiche Zweig der Wirtschaft ist irgendwie mit internationalen Wertschöpfungsketten verbunden. Wir bleiben Teil einer globalisierten Welt.

- Direkte Demokratie, Föderalismus und dezentrale Ausführung kommen ohne eine starke Regierung nicht aus. Sie vertragen sich aber schlecht mit einem grossen Regierungsapparat, der Mikromanagement betreibt. Die Regierung muss in der Lage sein, eine Richtung und eine Strategie vorzugeben. Je mehr sie sich mit der Ausführung befasst, desto mehr werden die Grundpfeiler schweizerischer Politkultur geschwächt.

- Die grossen Herausforderungen des 21. Jahrhunderts, Klimawandel, Armut, Migration und der Zugang sowie das Management der natürlichen Ressourcen wurden kurzfristig in den Hintergrund gedrängt. Wir wehren uns kurzfristig und bekämpfen das Unmittelbare. Wir vergessen dabei das Mächtige und Langfristige. Es wird uns dafür später umso heftiger treffen.

- Es gibt keinen Grund, nicht anzunehmen, dass mit zunehmender Globalisierung, die Risiken für Pandemien zunehmen.

Einleitung und Übersicht

Dem Schweizer Pragmatismus würde eine Vision nicht schaden

Die Schweiz ist ein Kleinstaat mit einer spezifischen und einmaligen Politkultur und entsprechenden Strukturen. Mitbestimmung und demokratische Kontrolle sind zwei Schlüsselwörter. Eigenverantwortung und ein Misstrauen gegenüber übergeordneten Instanzen gehören ebenso zur Grundströmung, wie die unkritische und vertrauensbasierte Haltung gegenüber Personen, welche – politisch wie sozial - als Ingroup bezeichnet werden könnten.

Eine solche Ausgangslage verschreibt sich dem Pragmatismus, den Opportunitäten. Eine Beeinträchtigung der eigenen Freiheit und Autonomie wird nur akzeptiert, wenn es wirklich nicht anders geht. Visionen im Sinne einer politisch strategischen Weitsicht haben da kaum Platz. Ihnen wird mit Misstrauen oder oft einem süffisanten Lächeln begegnet. Da politische Entscheide der Prüfung von Experten und Expertinnen, von Kommissionen, der Verwaltung, in Vernehmlassungsverfahren und schlussendlich unter Umständen noch in einem Referendum bestehen müssen, bleibt für eine Vision und eine langfristige Strategie tatsächlich wenig Raum übrig.

Dies soll aber nicht verhindern, dass sich Bürger und Bürgerinnen, Philosophen und Philosophinnen oder ganz einfach denkende Personen Gedanken über die Zukunft machen. Dabei sind nicht einfach Intellektuelle gefordert. Ich erinnere mich: Als Halbwüchsiger hatte ich – für meine damalige Gefühlslage viel zu oft - die Gelegenheit, meine Verwandten in Brienz zu besuchen. Das oft sonntägliche Vergnügen war eine Qual. Der einzige Lichtblick war stets der Besuch bei einem Vetter meines Vaters. Er war Schnitzler und hat sein ganzes Leben an der Schnitzlerbank verbracht. Ob er je und, wenn ja, wie lange er zur Schule gegangen war, konnte ich nie in Erfahrung bringen. Das Erstaunliche für mich war, dass dieser Schnitzler Meissel und Hammer dazu verwendete, um über die Zukunft und über das politische Geschehen nachzudenken. Er kam zu Folgerungen auf Grund vertieften Nachdenkens, die mich immer in Staunen versetzten. Noch heute denke ich mit Verwunderung und Bewunderung für meinen Onkel an diese Gespräche.

Das vorliegende Papier war ursprünglich als Manifest gedacht. Mit fortschreitender Arbeit kamen jedoch immer mehr Zweifel auf. Das Schwergewicht sollte doch mehr auf Fragen als auf Lösungen gelegt werden. Am liebsten hätte ich CICERO als Personifizierung republikanischer Werte auf die Frontseite gedruckt; gewissermassen als unbestechlicher Beobachter der politischen Szene. Auf der Frontseite steht nun ein Ausschnitt des Freskos von Ambrogio Lorenzetti aus dem Jahr 1337/38 in Siena. Das Bild entstand vor der Wiederentdeckung der antiken Denker und dem Hype, den die Humanisten daraus machten. Es entstand etwas später als das revolutionäre Gemälde, die Madonna mit Kind, von Duccio, welches die ganze Bürgerschaft des aufkommenden Siena in Begeisterung versetzte. Das Fresko von Ambrogio zeigt den Mitgliedern des Rates der Neun, was es braucht zur guten Regierungsführung. Es ist eines der ersten Bilder des ausgehenden Mittelalters, das nicht Maria, die Heiligen oder Szenen aus der Bibel darstellt. Das Wohl des Volkes, Gerechtigkeit und Tugend waren die Leitideen für seine Entstehung.

Die folgenden Ausführungen sind das Produkt eines interessierten Bürgers mit dem Hintergrund eines Historikers und den Erfahrungen einer Person, welche beruflich mit internationaler Zusammenarbeit viel unterwegs war. Das Schwergewicht des Historikers sollte auf der Analyse liegen. Dazu gehört in diesem Text eine Wertung, deren Ausgangspunkt aber nicht die Wissenschaft ist, sondern das Erlebte und damit auch das Subjektive und Emotionale. Allerdings würde aus dieser Haltung nicht ein Papier entstehen, wenn da nicht auch ein politisches Verantwortungsgefühl, die Sorge eines Bürgers aufblitzen würde: Wie wird sich unsere Welt, die Schweiz, aber auch das persönliche Umfeld verändern?

Es gibt deshalb durchaus Folgerungen, welche aufgrund der Analyse, der persönlichen Erfahrungen und Emotionen recht kategorisch und auch kontrovers ausfallen. Aus der Sicht des Schreibenden weisen die Aussagen aber über das persönlich Empfundene hinaus. Es soll sich hier um einen Diskussionsbeitrag handeln. Dieser soll anregen und auf Widerstand stossen. Wenn es gelingt, eine Diskussion zu provozieren, ist das Ziel mehr als erreicht. Und der Schreiber glaubt, was er schreibt und will dies auch mitteilen. Seine Sicht soll manifest werden und deshalb trug das Papier zuerst den Titel «Manifest».

Das Magnetfeld für die Schweiz von morgen

Es gibt Treiber der Veränderung, welche schon lange wirken, aber jetzt einen neuen Grad von Wirksamkeit erreicht haben. Es gibt auch globale Herausforderungen, welche genügend erkannt sind, aber immer dringender einer Reaktion bedürfen und nach Handeln rufen. Es gibt zusätzlich kurzfristige politische Veränderungen mit potentiell langfristigen Folgen.

Der dominierende Vektor der Veränderung kann mit Globalisierung zusammengefasst werden. Diese hat sich beschleunigt und bringt uns heute mit der Digitalisierung neue, schnelle Problemlösungen, aber ebenso grosse Unsicherheiten. Neu sind seit dem Beginn des 21. Jahrhunderts die Reaktionen auf diese Entwicklung.

Nicht direkt mit der Globalisierung verbunden, aber von ihr beschleunigt, sind die grossen Herausforderungen des 21. Jahrhunderts, mit denen die Menschheit bereits heute konfrontiert ist: Es geht um Klimawandel, demographische Veränderungen mit Migration, Armut, Zugang und Management von Ressourcen und Pandemien. Es sind dies globale Probleme mit starker lokaler Wirkung. Sie können nur im Verbund oder mindestens in enger Koordination der Staaten untereinander bewältigt werden. Sie verlangen aber auch Massnahmen, welche das herkömmliche staatliche und gesellschaftliche Gefüge unter Druck setzen. Unsere Demokratie mit Referendum, Föderalismus und Gemeindeautonomie ist in Zukunft ganz besonders gefordert.

Schliesslich gibt es politische Entscheide, deren Folgen wir heute nicht abschätzen können. Der Austritt Grossbritanniens aus der EU verkleinert den Wirtschaftsraum Europa und damit die politische Hebelwirkung Europas gegenüber den Grossmächten. Natürlich können wir insistieren, dass auch wir Europa sind und dass Europa nicht unbedingt mit der EU identisch ist. Es ist ein Argument, das nur für Politiker und Politikerinnen und nur kurzfristig von Belang ist. Geopolitisch wichtiger als Europa ist die Position der Vereinigten Staaten. Für den amerikanischen Präsidenten ist die NATO obsolet geworden. Er hat auch schon einmal die EU für die USA als schlimmer als China bezeichnet. Und es wäre ein Irrtum, diese Aussagen als blossen Gemütszustand einer Person zu ignorieren. In der globalisierten Welt hat Europa an Gewicht eingebüsst. Bereits nach 9/11 handelten die USA alleine, wenn auch mit einer grossen Anzahl williger Staaten im Schlepptau, was einen hohen Symbolgehalt aber kaum Wirkung zeigte. Die NATO-Staaten haben sich in Afghanistan nur für Ruhe und Ordnung interessiert und zum Irakkrieg haben sie sich mit Ausnahme von Grossbritannien ablehnend verhalten. Die USA konnten nicht mehr auf Europa zählen.

Die USA und Europa haben noch viele gemeinsame Interessen und die Amerikaner werden auch in Zukunft froh sei, sich in der Auseinandersetzung mit Russland und China auf Europa verlassen zu können. Wir dürfen uns dabei aber keine Illusionen machen: Die USA verlieren ihr Interesse an Europa und am Mittleren Osten (mit Ausnahme von Israel) und stützen sich nur noch auf Saudi-Arabien ab. Europa muss alleine zurechtkommen.

Die Jahre 2015/16 sind Schlüsseljahre. Deutschland öffnete den Flüchtlingen Tür und Tor und provozierte damit im eigenen Land und in der EU eine Krise. Die USA haben mit Herrn Trump einen antiliberalen Nationalisten gewählt und Grossbritannien stimmte für den Austritt aus der EU und träumt von einer glänzenden Zukunft als Juniorpartner der USA.

Für die Schweiz stellt sich die Frage, wie sie mit den globalen Herausforderungen umgehen soll. Wie sie sich in diesem veränderten Umfeld positionieren kann und welches die innenpolitischen Folgen sein werden. Ist die Schweiz fit für das 21. Jahrhundert? Am Schluss des Papiers werden Vorschläge für politische Anpassungen gemacht. Sie sind bescheiden und die Befürchtung ist berechtigt, dass sie nicht genügen werden.

Die Gliederung des Papiers

Im folgenden Text verwende ich meistens die Wir-Form. Ich gehe davon aus, dass wir als Bürger und Bürgerinnen angesprochen sind. Damit möchte ich uns alle auf die Reise einer gemeinsamen Reflexion mitnehmen.

Im ersten Kapitel versuche ich, die Ausgangslage der Schweiz zu beschreiben und die bestimmenden Faktoren für die innenpolitische Strömungen zu analysieren. Die Zeit nach dem 2. Weltkrieg hat Grundlagen gelegt, welche die Mentalität und das politische Denken bis zum Beginn des 21. Jahrhunderts entscheidend beeinflusst haben.

In zweiten Teil werden die wichtigsten äusseren Veränderungen eingefangen, welche den Spielraum der Schweiz im neuen Jahrhundert beeinflussen. Ich verbleibe dabei gewissermassen auf der Metaebene der übergeordneten Faktoren. Ich konzentriere mich nicht auf die starken technisch-materiellen Entwicklungen, sondern auf die mächtigen Veränderungen geopolitischer und gedanklicher Art.

Kapitel drei versucht, die Kräfte der Gegenreaktion aufzuspüren.

Das Kapitel vier fokussiert die Schweiz. Ich will zeigen, wie sich die globalen Entwicklungen auf die Schweiz auswirken.

Das abschliessende Kapitel diskutiert den innenpolitischen Handlungsbedarf, wobei gleichzeitig die Frage gestellt wird, was für eine Schweiz eigentlich wünschbar wäre, und ob wir die Energie und den Willen haben, uns für das neue Jahrhundert fit zu machen.

1 Die Schweiz in der zweiten Hälfte des 20. Jahrhunderts

Drei internationale Entwicklungen haben die Schweiz und das politische Denken der Schweizer und Schweizerinnen in der zweiten Hälfte des letzten Jahrhunderts beschäftigt und geprägt: Der Zweite Weltkrieg, respektive die Nachkriegssituation, der Kalte Krieg und die Globalisierung der Welt.

1.1 Die Nachkriegszeit

Das Resultat des zweiten Weltkrieges könnte salopp als «wir sind noch einmal davongekommen» umschrieben werden. Auch wenn wir unsere Neutralität zelebrierten, können wir doch sagen: Wir gehörten zu den Gewinnern des Weltkrieges. Zwar sind die Meriten der Schweiz durchaus umstritten. Vereinfacht gesagt waren der Bürger, die Bürgerin, das Volk, voll engagiert in der potentiellen Verteidigung der Schweiz. Mobilmachung und Aktivzeit haben eine ganze Generation geprägt: In ihrem Bewusstsein bewirkte der Widerstandswille und die Verteidigungsbereitschaft, dass wir verschont blieben. Je höher man die gesellschaftliche Leiter hinaufsteigt, desto zweifelhafter wird, wie tapfer und verteidigungsbereit die Schweiz wirklich war. Unsere Industrie erbrachte für die deutsche Armee wichtige Dienstleistungen, die Banken verwalteten jüdische Vermögen und die Nationalbank wusch fleissig und wohlwissend deutsches Gold, das teilweise aus den Konzentrationslagern gepresst worden war.

Obwohl der Durchschnittsschweizer als Soldat, die Durchschnittsschweizerin als Hausfrau sich mit Überzeugung für das Vaterland ins Zeug legten, muss die Beurteilung der Schweiz als Ganzes durchzogen ausfallen. Trotzdem prägte die Parole von der geistigen Landesverteidigung, mit der Herr und Frau Schweizer geimpft wurden, eine ganze Generation und die Weltanschauung der Schweizer und Schweizerinnen für den Rest des Jahrhunderts.

Die Neutralität, eigentlich nicht viel mehr als eine Überlebensstrategie des Kleinstaates in einer Zeit grosser Bedrohung, war einer der roten Fäden, die uns erhalten blieben. Von aussen betrachtet sah diese Neutralität weniger rosig aus: Für die Siegermächte war die Schweiz nicht einmal eine Kriegsgewinnerin, sondern eine Kriegsgewinnlerin. Unsere Infrastruktur war intakt geblieben, unsere Unternehmen hatten gut verdient, ja einige Unternehmen wurden im Verlaufe des Krieges sogar zu schweizerischen Unternehmen. Für die späteren Siegermächte war die schweizerische Neutralität schon während des Krieges ein Deckmäntelchen, unter dem die Schweiz Profite machen konnte. Schon während der Kriegshandlungen wurde von den Alliierten Druck auf die Schweiz ausgeübt und nach geschlagener Schlacht forderten diese von der Schweiz massive Kompensation, eine Beteiligung am Wiederaufbau Europas und gewissermassen Reparationszahlungen. Nur den geschickten Verhandlungen des schweizerischen Unterhändlers Stucki, und der Konzilianz von Bundesrat Petitpierre ist es zu verdanken, dass wir mit einem blauen Auge davongekommen sind.

1.2 Der Kalte Krieg

Unsere tatsächliche Rettung war allerdings der Kalte Krieg. Er liess die auf Reparationen drängenden Personen in der amerikanischen Administration - vor allem im Finanzministerium - verstummen. Exponenten des Aussenministeriums hatten nun das Sagen. Ab 1948 war der neue Feind die Sowjetunion und es herrschte der Kalte Krieg. Für die Schweiz war klar: Unser Herz schlug für die demokratische Freiheit, von ihr waren wir überzeugt. Wir schlugen uns ins Lager des Westens, blieben aber politisch neutral. Die bewährte Ideologie von der geistigen Landesverteidigung rüstete uns gut für die neue Situation. Die Siegermächte dankten uns dies. Die radikalen Forderungen der Amerikaner verschwanden, respektive fielen, wie sich später zeigen sollte, in einen Dauerschlaf. Wir blieben stramme kalte Krieger und Kriegerinnen bis gegen Ende des Jahrhunderts. Wer sich da nicht einreihte wurde observiert, registriert und womöglich plakatiert. Diese Situation dauerte beinahe bis zum Ende des Jahrhunderts, verlor allerdings in den Augen der nachrückenden Generation viel vom Heiligenschein, mit dem wir uns geschmückt hatten. 1989 glaubten gewisse Kreise, heroisch das 50–Jahr-Jubiläum der Mobilmachung feiern zu müssen, was weder im Ausland noch bei der neuen Generation zu mehr als einem Kopfschütteln reichte. Dass der zweite Weltkrieg bis Ende des Jahrhunderts nachwirkte, zeigte sich beim Thema Rückzahlung der namenlosen Vermögen. Mit dem Ende des Kalten Krieges erhielten in der amerikanischen Verwaltung die Strömungen wieder die Oberhand, die bereits am Ende des Weltkrieges finanzielle Forderungen an die Schweiz gestellt hatten. Der Faden von 1946 wurde wieder aufgenommen und führte zu einer Krise unseres Nationalstolzes, einer gehörigen Verstimmung in der schweizerischen Volksseele - und zu einem unglücklichen Verhalten unserer politischen und wirtschaftlichen Führung. Das Wiedererwachen der amerikanischen Forderungen traf die Schweiz völlig unvorbereitet. Der finanzielle Schaden konnte begrenzt werden, weil er auf die Grossbanken abgeschoben werden konnte. Diese konnten ihn verkraften - sie hatten ja inzwischen international genügend Geld verdient. Aber das ungetrübte Verhältnis des Schweizers, der Schweizerin zu den USA - um nicht zu sagen die Bewunderung - erhielt einen gehörigen Nasenstüber. Wobei allerdings auch - nicht nur im Ausland, sondern auch in den Augen eines Grossteils der schweizerischen Bevölkerung - der Finanzplatz Schweiz einen gehörigen Tolggen im Reinheft fasste. Das Erlebnis des zweiten Weltkrieges und die geistige Landesverteidigung verschafften uns aber innenpolitisch gewissermassen einen lateralen Gewinn. Die innenpolitische Auseinandersetzung zwischen links und rechts wurde in ordentliche, mit politischer Konkordanz versehene Bahnen gelenkt und verlor an Radikalität. Die politische Mehrheit zeigte gesellschaftliche Verantwortung. Der ärmere Teil der Bevölkerung hatte den Krieg besser überstanden als den ersten Weltkrieg. Das Nationale half, die politischen Gegensätze zu relativieren, was in der Nachkriegszeit zu einem sozialen Ausgleich führte. Die beschworene kommunistische Gefahr half uns, den innenpolitischen Solidaritätsschub weiter zu pflegen: Die Sozialdemokratie wurde aktiv an der Regierung beteiligt und die Einführung der AHV ermöglichte der älteren Generation, das Alter besser zu geniessen.

Der innenpolitische Ausgleich war wichtig. Man wollte keine Armut aufkommen lassen, welche die Vernachlässigten in die Arme der Kommunisten getrieben hätte. Der innenpolitische Ausgleich fand seinen Niederschlag auch gegen aussen. Solidarität wurde schon in der Nachkriegszeit auf die Fahnen der schweizerischen Aussenpolitik geschrieben und kam in Darlehen an die kriegsversehrten Nachbarstaaten zum Ausdruck. Engagierte Organisationen der Zivilgesellschaft, interessierte aussenwirtschaftliche Kreise und die verbreitete Furcht vor dem kommunistischen Vorrücken in der «Dritten Welt» bewirkten, dass die Schweiz regelmässig Kredite für die Auslandhilfe bewilligte. Der Ausbau des Sozialstaates machte weiter Fortschritte, führte aber auch zu einer gewissen Entsolidarisierung in der Gesellschaft. In den 80er Jahren wurde die Entlassung von Mitarbeitenden zwecks Erhaltung der Profitabilität einer Unternehmung plötzlich sozialpolitisch akzeptierbar, Profitabilität wurde wichtiger als Vollbeschäftigung.

Die wirtschaftspolitischen Rahmenbedingungen begannen sich in den 80er Jahren zu verändern. Der Neoliberalismus machte sich breit. Die Idee vom sozialen Ausgleich und der Verteilung der Einkommen wurde ersetzt durch die Ansicht, die Unternehmen müssten gestärkt werden. Das Kapital werde durch erhöhte Rendite Anreize erhalten, Arbeitsplätze zu schaffen. Entwicklungspolitisch war der Auslöser für diese neue Sicht die Finanzkrise Mexikos. Erstmals erklärte ein Staat, dass er die Schulden nicht mehr bedienen konnte. Durch diese Krise wachgerüttelt, wurde die verteilungsorientierte Armutsbekämpfung in Frage gestellt. Strukturanpassungen und makroökonomische Sanierungsmassnahmen rückten nun ins Zentrum.

In den Industriestaaten machte sich die Neuorientierung bemerkbar, indem plötzlich nicht mehr die Vollbeschäftigung ein wirtschaftspolitisches Ziel war, sondern wirtschaftsfreundliche Rahmenbedingungen, welche es Kapitalgebern erlaubten, erfolgreich in Unternehmen zu investieren. Diese Tendenz wurde verstärkt durch die zunehmende Automatisierung der Produktion: Man brauchte Kapital, um in die teuren Maschinen investieren zu können, während gleichzeitig der Bedarf an qualifizierten Arbeitern und Arbeiterinnen abnahm. Die Bedeutung des

Kapitals und die Kapitaleinkünfte nahmen zu, der Stellenwert der Arbeitenden dagegen ab. Das Lohneinkommen verlor gegenüber den Kapitaleinkünften an Wichtigkeit.

Und man musste ja nicht befürchten, dass Entlassene in ein Loch fallen würden. Um das zu verhindern gab es ja die Arbeitslosenversicherung. Diese und der Shareholder-Value tauchten plötzlich im Gleichschritt auf. Was Werner K. Rey unternahm, nämlich der Aufkauf von Firmen und nachfolgend ein Asset Stripping durch Veräusserung weniger rentabler Teile zwecks Optimierung der Kapitaleinkünfte, wurde damals noch als Skandal empfunden, läutete aber doch ein Umdenken ein. Im 21. Jahrhundert wurde es gang und gäbe, weniger die langfristige Stellung eines Unternehmens ins Auge zu fassen, sondern den kurzfristigen Gewinn des Kapitaleigners, der Kapitaleignerin. Damit fasste die Praxis der USA auch in der Schweiz allmählich Fuss. Entscheidend für die erfolgreiche Führung einer Unternehmung waren nicht mehr der Fachmanager oder die Fachmanagerin, sondern Finanzleute mit einer soliden Ausbildung als MBA in den USA oder wenigstens in St. Gallen.

1.3   Der Übergang ins 21. Jahrhundert

Das 21. Jahrhundert begann möglicherweise bereits mit dem Untergang der Sowjetunion. Für die Schweiz bedeutet das letzte Jahrzehnt richtiggehend eine Zäsur. Mit dem Zusammenbruch der Sowjetunion und der deutschen Wiedervereinigung verlor die bipolare Welt einen Pol, so wenigstens schien es. Das Ende der Sowjetunion nahm innen- und aussenpolitischen Druck weg. Planwirtschaft und Staat wurden diskreditiert. Freiheit, Eigenverantwortung und Kapitalismus hiessen die Schlagwörter. In der Schweiz erfolgte der Ruf nach einem schlanken Staat, zusammengefasst im Slogan: «Weniger Staat, mehr Freiheit».

Kommunismus und alles, was nach staatlicher Planung roch, wurde zum Anathema. Die Welt trat in die Ära der Pax Americana. Demokratie und Liberalismus gemeinsam mit Kapitalismus galten als goldener Pfad in die Zukunft.

In der Schweiz wurde die Abstimmung über die Beteiligung am Europäischen Wirtschaftsraum anfangs der 90er Jahre knapp verworfen, so
dass wirtschaftlich gesehen der bilaterale Weg die einzige Alternative
blieb. Die Schweiz wollte neutral und unabhängig bleiben, aber wo immer möglich zeigen, dass sie aktiv an den Weltproblemen mitzuarbei-
ten bereit sei. Internationales Mainstreaming, das Ende des Sonderfal-
les Schweiz und eine Relativierung der Neutralität standen plötzlich im
Vordergrund. Man wollte das Gleiche tun wie die andern, nur besser
und gleichzeitig keine Bindungen eingehen. Da das spezifisch Schweizerische dabei in den Hintergrund zu treten drohte, erfand man die
«Swissness» als neue Mode, welche kulturell, politisch und sozial gepre-
digt wurde. Die Entwicklungszusammenarbeit wurde nun zur Internationalen Zusammenarbeit, welche in den europäischen Ländern in die
Aussenpolitik integriert wurde. Tiers-mondisme und partnerschaftliche
Zusammenarbeit wurden ersetzt durch konkrete aussenpolitische und
aussenwirtschaftliche Interessenpolitik. Die Schweiz passte sich schritt-
weise dieser Tendenz an. Nach dem Ende des Kalten Krieges musste
eine neue Mehrheit für die Internationale Zusammenarbeit gefunden
werden. Erst im ersten Jahrzehnt des 21. Jahrhunderts zog man mit den
likeminded Ländern - den Niederlanden und Skandinavien - gleich und
integrierte die alte Entwicklungszusammenarbeit ins Aussenministerium.

Nach der Ablehnung des EWR-Beitritts blieb die Beziehung zur späteren
EU die wichtigste aussenpolitische und innenpolitische Herausforderung für die Schweiz. Das Verhältnis zur EU als wichtigstem aussenwirt-
schaftlichen Partner musste geklärt werden.

Das Ziel der Schweiz blieb, auf möglichst grosse Distanz zur EU zu gehen,
aber trotzdem die eigenen Interessen nicht zu beeinträchtigen. Mit der
Erweiterung der EU nach Osten erwiesen sich die ständigen Anpassungen als immer komplizierter und das Verständnis für den Sonderfall
Schweiz nahm innerhalb der Mitgliedsländer der EU ab. Die EU suchte
deshalb ein verbindliches Rahmenabkommen mit der Schweiz. Die
Schweiz ihrerseits tat alles, um ihren Zugang zum EU-Markt zu sichern

und schwankte zwischen dem autonomen Nachvollzug der europäischen Gesetzgebung und verbindlichen internationalen Verträgen. Die Zurückhaltung gegenüber der EU wurde seit den 90er Jahren kompensiert durch ein erhöhtes Engagement im Rahmen der Vereinten Nationen. Als Neues Mitglied benahm sich die Schweiz ab 2002 als Musterschülerin. Empfehlungen der UNO wurden von der schweizerischen Aussenpolitik regelmässig übernommen, was zum Anschluss an das internationale Mainstreaming führte. Ende des Jahrhunderts war die Reduktion der weltweiten Armut bis 2015 beschlossen worden und im Anschluss an den Erdgipfel 2012 wurden die Sustainable Development Goals 2030 verabschiedet. Die Schweiz gehörte zu den wichtigsten Promotoren dieser Ziele und ihre Vertreter spielten in den relevanten Gremien eine zentrale Rolle, die allerdings innenpolitisch nicht abgesichert war. Die Schweiz wurde mindestens vorübergehend zur klaren Verfechterin der internationalen Nachhaltigkeitsziele. Obwohl innenpolitisch keine Bereitschaft bestand, diese Ziele auch wirklich umzusetzen, sonnte sich die aussenpolitische Schweiz am internationalen Lichtstrahl, der auf uns fiel.

Die Jahrtausendwende war gekennzeichnet durch die weitere Expansion der schweizerischen Wirtschaft, das Wachstum einzelner Unternehmen in neue Märkte und die damit verbundene Internationalisierung. Die hohe Exportorientierung machte die Schweiz wohl zu der am stärksten globalisierten Volkswirtschaft. Damit verbunden war ein Wandel in den Unternehmungen. Immer mehr Firmen erhielten ausländische Aktionäre, Manager und Kader. Gleichzeitig fand eine Verlagerung der Produktion in Billiglohnländer statt. In der Schweiz blieben nur die Filetstücke (Forschung, Konzeption und Planung). Günstige Rahmenbedingungen, inklusive Steuern, sowie das unternehmensfreundliche politische und wirtschaftliche Klima zogen und ziehen internationale Firmen an. Die Schweiz verstärkte ihre Rolle als internationale Handelsplattform für die Rohstoffe.

Die zunehmende Globalisierung von Kommunikation, Verkehr, Finanzwesen und Industrie brachte das Land immer mehr in globale Zwänge und Abhängigkeiten. Wegen der innenpolitischen Konzentration auf das Verhältnis zur EU blieben die globalen Trends von der Mehrheit weitgehend unbeachtet. Das Problem der wachsenden Unterschiede zwischen Arm und Reich wurde von den Themen Migration, Endlichkeit der Ressourcen und Klimawandel zurück gedrängt. Von Seiten der USA und der OECD aber auch durch soft laws der UNO entstand ein internationaler Druck, dem sich der Kleinstaat Schweiz nicht entziehen konnte. Das Bankgeheimnis wurde geopfert, die Steuerprivilegien mussten internationalen Standards angepasst werden. Der Umbau der schweizerischen Wirtschaft führte zu einem schleichenden Wandel auch der Gesellschaft. Die Bedeutung des klassischen Industriearbeiters aber auch der fachlich gut vorbereiteten Berufsperson nahm ab. Die Hochschulreform Bologna mit ihrer markanten Akademisierung der Ausbildung wurde Trumpf. Die Bedeutung von Dienstleistungen in den Bereichen Gesundheit, Schule, Gastronomie nahm zu. Der klassische Mittelstand, Träger unserer Stabilität und unseres Bürgertums, verlor an Bedeutung. Dafür wuchs die Zahl der höheren Kader, der Leute, die konzeptionell und in der Planung arbeiten. Der Ausbau der Verkehrsinfrastruktur erlaubte ein weitmaschiges Pendeln. Die Agglomeration wurde zum gesellschaftlichen Siedlungsmittelpunkt. Gleichzeitig ersetzte der Gegensatz Stadt – Land den alten Gegensatz zwischen Arbeitsgebenden und Arbeitsnehmenden. Der Agglobewohner, die Agglobewohnerin sind fortschrittlich, geprägt durch den Beruf, schätzen aber gleichzeitig Brauchtum und Folklore und eine gewisse Bodenständigkeit in einer dynamischen Welt.

2 Die Schweiz in einer sich rasch wandelnden Welt

2.1 Die Globalisierung

Was verstehen wir unter Globalisierung?

Die Globalisierung wird allgemein als die Haupttreiberin der Veränderungen im beginnenden 21. Jahrhundert betrachtet. Sie beeinflusst alle Lebensbereiche, subjektiv empfunden, in immer schnelleren Rhythmus. Im Zentrum steht der rasante technologische Wandel im Zeichen der Digitalisierung.

Unter Globalisierung wird allgemein die weltweite Verflechtung in den Bereichen Wirtschaft, Politik, Kultur und Gesundheit verstanden. Globalisierung begann eigentlich schon mit den «Entdeckungen» im 16. Jahrhundert durch die europäischen Seefahrer. Sie bedeuteten, dass Überseegebiete allmählich in ein weltweites Netz von Austausch und Ausbeutung eingebunden wurden. Im 19. Jahrhundert verfestigten sich die Beziehungen durch die Handels Gesellschaften der Engländer und Holländer in Asien. Ihnen folgte der der Aufbau von Handels Kontoren durch private Unternehmer, welche Europa mit wichtigen Rohstoffen versorgten.

Die Bedeutung von Globalisierung in der Neuzeit

Der moderne Begriff der Globalisierung soll durch einen amerikanischen Autor am Ende des 2. Weltkrieg geprägt worden sein. Nach Kriegsende expandierten vor allem amerikanische Firmen in internationale Märkte. Mit dem Erwachen des Neoliberalismus in den 80-er Jahren erlebte die Internationalisierung von Handel und von Wertschöpfungsketten eine Beschleunigung. Die Ursachen waren vielfältig und haben sich gegenseitig gestärkt: Die technologische Entwicklung in Kommunikation und Transportwesen und das dominierende Wirtschaftsverständnis wurden zu den eigentlichen Motoren. Das neue Credo, das auch von den Breton Woods Institutionen gepaukt wurde, hiess offene Grenzen und freier Handel.

Die 80-er Jahre gingen entwicklungspolitisch als verlorenes Jahrzehnt in die Annalen der Geschichte ein. In den USA sprach man vom Jahrzehnt des «greed».

Die Betonung von makroökonomischen Sanierungsmassnahmen und Strukturanpassung forcierten in den wirtschaftlich schwachen Ländern den Export von Rohmaterial. International tätige Firmen suchten andererseits die günstigsten Rohstoff Lieferanten.

Die Liberalisierung der Märkte unter amerikanischer Führung erreichte nach dem Zerfall des Ostblocks und mit der Gründung der Welthandels Organisation (WTO) einen neuen Höhepunkt. Der Abbau von Zoll und anderen Handelshemmnissen erleichterte das internationale Verschieben von Gütern und Dienstleistungen. International tätige Unternehmen suchten nun die preisgünstigsten Produktionsstandorte und die steuergünstigsten Orte für ihren Firmensitz. Der immer intensivere Einsatz von digitaler Technologie in der Produktion erhöhte den Kapitalbedarf der Firmen und lockte für die Kapitaleigner mit erhöhten Gewinnen. Die Bedeutung von Kapitalrendite und shareholder value wurden wichtiger als die Langfriststrategie einer Unternehmung. Die transnationalen Firmen suchten Optimierungspotentiale durch das Verschieben der Produktion in Billiglohnländer.

Zu Beginn des neuen Jahrtausends intensivierte sich ein neuer Veränderungsschub. Ein immer grösserer Anteil der Wertschöpfungsketten wurde in Schwellenländer verschoben. In den Industrieländern blieben das internationale Management, die Planer und Konzeptionalisten, man sprach von Filetstücke, die man behalten wollte. Diese Entwicklung bedeutete eine Deindustrialisierung. Je globalisierter die Volkswirtschaft, desto kleiner wurde der Anteil der industriellen Produktion in den traditionellen Industrieländern. Erfolgreiche Unternehmen der ehemaligen Dritten Welt, wie TATA und Mittal aus Indien und chinesische Firmen begannen nun in den klassischen Industrieländern zu investieren und traditionelle Firmen aufzukaufen.

Das Auseinanderdriften von Wirtschaft und Politik

Das Zusammengehen der Staaten am Ende des zweiten Weltkriegs wurde durch die Gründung der Vereinigten Nationen und der Breton Woods Institutionen geprägt. Die führenden Politiker wollten der Welt ein demokratisches, liberales und kapitalistisches Gesicht geben.

Der technologische und wirtschaftliche Fortschritt der folgenden Jahrzehnte wurde jedoch nicht von Politikern, sondern von Unternehmern und Managern geprägt. Die Entwicklung und Expansion der Unternehmen setzten mit ihren Bedürfnissen die Politiker unter Druck und schufen mit global integrierten Wertschöpfungsketten und der Möglichkeit, Kapital ungehindert international zu verschieben, neue Realitäten.

Technische Entwicklung und unternehmerische Kreativität schufen neuen Wohlstand aber auch neue soziale Gefälle. Globalisierung beschert uns heute auch globale Probleme, welche die Politik schwer lösen kann. Sie ist immer mehr zum Nachvollzug neu geschaffener Realitäten verurteilt. Politisch ordnende Kräfte sind schwach. Internationale Gouvernanz gerät immer mehr ins Schlepptau technischer und wirtschaftlicher Zwänge, welche gesetzgeberisch nachvollzogen werden müssen.

Die UNO Organisationen sind nicht in der Lage, die bei der Gründung erhoffte harmonische Entwicklung zu gestalten. Sie sind noch dominiert von den Siegern von 1945 in einer Welt, die globalisiert funktioniert, und nur bedingt auf die Werte der Gründungsakte von 1946 schaut. Die UNO und ihre Spezialorganisationen verlieren immer mehr Kapazität, international verbindliches Verhalten zu definieren und durchzusetzen. Sie entwickeln sich immer mehr zu Reparaturinstanzen der Globalisierung. Der Einsatz von Frieden fördernden Truppen und Nothilfe nimmt einen immer grösseren Einsatz in Anspruch.

Sieger und Verlierer der Globalisierung

Die Globalisierung hat das Beziehungsnetz zwischen Staaten verändert und hat innerhalb der Staaten eingespielte Spielregeln in Frage gestellt. Sie hat Sieger und Verlierer geschaffen.

Verlierer sind sicher die Nationalstaaten. Sie haben Orientierungs- und Ordnungskompetenz verloren. Globale Gouvernanz, wo solche Ansätze vorhanden sind, erfordert zudem Verlust von Souveränität. Verlierer sind auch Staaten, welche die Dynamik der Globalisierung nicht nutzen konnten und selber interne Gouvernanzprobleme haben. Verlierer sind teilweise traditionelle Industrieländer, welche zwar erfolgreiche internationale Firmen beherbergen, aber durch einen Prozess der Deindustrialisierung gegangen sind und jetzt mit sozialen und innenpolitischen Spannungen konfrontiert sind.

Gewinner sind vor allem international tätige Firmen. Sie haben nicht nur an Volumen zugelegt. Sie sind auch mit der Kontrolle von Wertschöpfungsketten und als Produzenten von Kapitalgewinnen wichtiger geworden. Es geht so weit, dass international kontrollierte Firmen in einem Staat als systemrelevant betrachtet werden, obwohl ihr Kapital und Management von den betreffenden Regierungen kaum beeinflusst werden können. Gewinner sind aber auch Billiglohnländer, die ihren Kontrollanteil an internationalen Wertschöpfungsketten vergrössern konnten, wie China, und Staaten, die die Opportunitäten der Globalisierung gut genutzt haben, wir Singapur, Dänemark oder die Schweiz.

Verschiedene Staaten der alten «dritten Welt» und in Osteuropa haben eindeutig profitiert und ihre Stellung wirtschaftlich und politisch gestärkt. Traditionelle Industriestaaten dagegen haben an Bedeutung eingebüsst.

Die Globalisierung hat aber in den einzelnen Ländern zu einer Strukturveränderung geführt. Es gibt einen Teil der Wirtschaft, der international ausgerichtet ist. Es sind exportorientierte Unternehmen und Dienstleistungserbringer. Ihre Kader sind unabhängig von ihrem Pass international ausgerichtet. Der nationale Charakter solcher Firmen ist begrenzt, da Management und Kapitaleigener international sind. Dieser Teil der Wirtschaft ist in der Regel sehr dynamisch und kompetitiv.

Andererseits gibt es die Binnenwirtschaft, die weitgehend für den nationalen Markt produziert. Ihre Kader, die Manager und die Besitzer sind Teil der nationalen Bürgerschaft. Die Dynamik ist eingeschränkt und die nationale Gesetzgebung reduziert oft den kompetitiven Wettbewerb.

Diese rasante Entwicklung hat ihren Preis. Es gibt, gerade in den Ländern, die von der Globalisierung profitieren, einen steigenden Prozentsatz von Personen, welche von dieser Entwicklung ausgeschlossen sind. Die Zahl der Verlierer und Verliererinnen hat in diesen Ländern zugenommen. Es sind die Arbeitslosen und Personen, welche mit ihrem Einkommen ihr Leben nicht bestreiten können. Es sind auch Aussteiger und Aussteigerinnen, die dem Stress der Dynamik nicht gewachsen sind und es sind Berufsleute, welche in ihrem Umfeld nicht mehr die gewohnte Rolle spielen können.

In den westlichen Gesellschaften sind Verunsicherung und Unzufriedenheit eine häufige Reaktion auf den Anpassungsdruck und die Konsequenzen der Globalisierung. Es gibt Schichten, Bevölkerungsgruppen und ganze Regionen, welche eindeutig zu den Verlierern und Verliererinnen dieser Entwicklung gehören.

Die Bedeutung der traditionellen Arbeiterschaft ist geschrumpft und mit ihr das Gewicht ihrer Interessenvertretung durch die Gewerkschaften. Die Stahlindustrie, der Kohlebergbau und bald wohl auch die traditionelle Autoindustrie gehören der Vergangenheit an und hinterlassen «rust states», Industrieruinen, und eine frustrierte Arbeiter- und Arbeiterschaft. Es entstand ein latentes Reservoir der Unzufriedenheit und Frustration, auf das die traditionellen Parteien und Interessenvertreter nicht vorbereitet waren.

Die so entstandene Unsicherheit äussert sich in den Ausbrüchen der «Hassbürger» und «Hassbürgerinnen» in den sozialen Medien. Sozial und politisch sind sie das Umfeld, in dem neue charismatische Führer, radikale Bewegungen und Freikirchen aus dem Boden schiessen. Verkünder und Verkünderinnen einer Ideologie von einfachen und möglichst kurzfristigen Lösungen, gehüllt in einen nationalkonservativen Mantel. Diese Phänomena lassen sich heute im Abstimmungsverhalten breiter Bevölkerungsgruppen und in der Zunahme von populistischen Führern und Führerinnen beobachten. Ein bisschen komplizierter ist die Situation in Osteuropa: Populismus und das Feiern nationalkonservativer Werte ist dort weniger der Ausdruck eines Verlustgefühls angesichts der Globalisierung. Die osteuropäischen Länder gehören ja vorwiegend zu den Globalisierungsgewinnern. Das daraus erstarkte neue Selbstvertrauen wird mit nationalen Werten versehen, welche es erlauben, mit neuer Selbstverständlichkeit auch gegen aussen aufzutreten. Nationalismus ist aber auch ein Teil der historischen Entwicklung dieser Länder, deren Nationalbewusstsein teilweise seit Jahrhunderten unterdrückt war oder sich gar nie entwickeln konnte. Die Geschichte hat dem polnischen Nationalbewusstsein bis jetzt nie erlaubt, sich einen nachhaltigen staatlichen Rahmen zu geben. Für die übrigen Staaten bedeutet der Nationalismus das Nachvollziehen eines nationalen Erwachens, das zur Zeit Österreich-Ungarns unterdrückt war, sich in der Zwischenkriegszeit im «cordon sanitaire» nicht entwickeln konnte und während des geschlossenen Ostblocks zugedeckt blieb. Die politische Uhr tickt in diesen Ländern deshalb derzeit nationalkonservativ. Die kleine liberal-demokratische Elite in den Städten und die Jugend entzieht sich diesem Umfeld durch Migration, wodurch der gesellschaftliche Wandel sich noch mehr an einer neu interpretierten Vergangenheit orientiert.

Diese Verlierer und Verliererinnen manifestieren Unzufriedenheit und Frust. Es macht sich eine subjektiv empfundene Unsicherheit breit, welche statistisch kaum belegbar ist (während gleichzeitig der Kauf persönlicher Schusswaffen zunimmt...). Offensichtlich ist auch, dass der rasche Wandel unsere Werte und Institutionen schwächt oder sogar in Frage stellt. Was wichtig und richtig war, zählt plötzlich nicht mehr. Die bestehenden Institutionen, Staat und Kirche, vermögen dem Bürger, der Bürgerin kein Gefühl der Sicherheit mehr zu vermitteln. Beide sind zu unpersönlich und zudem muss der Staat international Souveränitätskompetenzen abgeben.

Diese Situation führt zu einer gewissen Haltlosigkeit. Als Reaktion sucht man nach Sicherheit und orientiert sich an traditionellen Werten und reinterpretiert die Vergangenheit. Als Gegentrend zur Globalisierung entsteht so eine Lokalisierung. Je nach Situation ergibt sich ein Revival des Nationalismus, oft identifiziert man sich verstärkt mit der lokalen Umgebung, dem Tal oder der eigenen Ethnie.

Es gibt zusätzlich langfristige Folgen der Globalisierung, deren Bedeutung wir im Alltag weniger direkt zu spüren bekommen: Unser Wohlergehen ist möglich dank der Übernutzung der Ressourcen dieser Erde, Ressourcen, die eigentlich nicht einmal uns gehören, die wir aber dank unserer Handelsmacht recht günstig einkaufen können. Unser Wohlstand beruht also nicht einfach nur auf unserem Fleiss und unserem Können. Die Übernutzung der Ressourcen respektive die ungleichen Zugangsmöglichkeiten zu ihnen schaffen Konflikte. Ressourcenknappheit, Armut aber auch der Klimawandel und die Migration sind Folgeerscheinungen unseres masslosen Verhaltens.

In den entlegensten Tälern des Hindukusch und Himalaya haben die Bewohner heute dank Satellitenempfang Zugang zu Fernsehen und Internet. Dadurch werden globalisiertes Konsumverhalten und entsprechende Werte in eine Welt gebracht, in der der Bauer seinen Boden noch mit Hacke und Ritzpflug bearbeitet. Zusammen mit dem Klimawandel bewirkt die Globalisierung einen wachsenden Widerspruch zwischen lokalen Traditionen, den Zwängen der erlebten Realität und den Wunschvorstellungen der Jungen.

> *Bereits anfangs des Jahrhunderts gab es klare Zeichen in den isolierten Tälern des Himalayas: Bilder aus dem Fernsehen, aber auch die Veränderungen im Klima erschüttern das Vertrauen in die eigene Welt. Beispielsweise feiern die Bauern des Kathmandutals regelmässig ein Fest, welches das Reispflanzen einläutet. Dieses fällt in der Regel mit dem Beginn des Monsuns zusammen. Nun hat sich der Monsun in den letzten Jahren regelmässig verspätet. Die Bauern feiern ihr Fest weiterhin am gewohnten Tag, obwohl sie kein Wasser haben, um die Pflanzen zu wässern.*

Solche Entwicklungen sind nicht neu. In den 70er Jahren stellte man fest, dass bei den Menschen im Sahel infolge der Trockenheit und der daraus resultierenden Migration in die Grossstädte, das Bedürfnis entstand, sich an einen Führer zu hängen. Er sollte in neuer Umgebung Sicherheit und Schutz gewähren. Die eigene Geschichte wurde gewissermassen neu erfunden. Es entstand eine Bewegung, die sich auf einen Urvater des Stammes bezog und den ländlichen Zuwanderern in den westafrikanischen Städten mit neuen populistischen Führern Rückhalt gab. Heute spielt Boko Haram eine ähnliche Rolle: Ihre Ideologie bewirkt in der muslimischen Bevölkerung eine Identifikation mit fundamentalistischen muslimischen Werten, welche in einer Welt der Globalisierung, die als Verwestlichung empfunden wird, identitätsstiftend wirkt.

Islamische Gesellschaften in Krisenregionen sind deutliche Beispiele für eine mögliche Reaktion der Bevölkerung auf den Verlust von Rückhalt und sozialer Sicherheit. Der Sprung von vorindustriellen Lebensformen in eine moderne Welt führt oft zum Rückgriff auf extreme, teilweise archaische Formen der Religion. Der Wahhabismus, gesteuert und finanziert von Gruppen aus Saudi-Arabien, erweist sich da als wichtiger Faktor, der uns die Taliban, anschliessend Al-Kaida und schliesslich den Islamischen Staat beschert hat.

Früher oder später müssen wir uns mit diesen Konsequenzen befassen. Im Moment ruhen sie in unserem Bewusstsein. Da sie unser Wohlergehen vorläufig nur wenig beeinträchtigen, scheint uns der Handlungsbedarf auf persönlicher und politischer Ebene nicht zwingend.

> *"Mc Veigh (verübte 1995 ein Bombenattentat in Oklahoma City mit 168 Toten) grew up as this period of general affluence and leisure peaked, and a series of economic crises from the 1970s onwards began to make the American Dream, as he himself pointed out, seem less and less credible. McVeigh found it difficult to get jobs commensurate with his sense of dignity. Brought up in a culture of individualism to consider himself unique, he seemed to have suffered from a sense of diminishment as he grew older and sensed the vast political and economic forces working around and on him. In our own time, support for Donald Trump's white nationalism connects with middle-aged working-class men, who have suffered a dramatic deterioration in mortality due to suicide, and an increase in morbidity because of drug and alcohol abuse".*
> *Pankaj Mishra, Age of Anger. 2017*

2.2   Die geopolitischen Verschiebungen

Vom Atlantik zum Pazifik

Die transatlantische Zusammenarbeit bildete während des Kalten Krieges die global dominierende Verbindung. Seit den 80er Jahren hat sich das amerikanische Interesse immer mehr dem Pazifik zugewendet. Mit dem Ende des Kalten Krieges verschob sich der geopolitische Schwerpunkt endgültig in diesen Raum.

In den 80er Jahren sah der Westen in Japan eine neue innovative und dynamische Kraft, welche diesem Land ein hohes wirtschaftliches Wachstum bescherte. Sowohl in den USA als auch in Europa wollte man vom japanischen System lernen. Die Erfahrungsberichte und die Handbücher folgten Schlag auf Schlag. Die Lehrbücher übertrumpften sich in gegenseitigen Behauptungen, die USA hätten die Konkurrenzfähigkeit wegen des MBA-Virus in ihren Managementstuben verloren, während man in Japan seit dem 2. Weltkrieg, notabene mit amerikanischer Unterstützung, am klassischen, dem Unternehmen verpflichteten, Management festhalte.

Allmählich entwickelten auch in Südkorea und anschliessend China schnell wachsende Wirtschaften. In ihrem Schatten folgten die Schwellenländer Asiens - Malaysia, Thailand, Indonesien - und natürlich die Tigerstaaten Singapur, Taiwan und Hongkong. Die Wirtschaftswissenschaftler wunderten sich, dass diese Staaten, die nach dem zweiten Weltkrieg weit hinter den lateinamerikanischen Staaten gelegen hatten, sich plötzlich viel dynamischer zeigten. Die erfolgreichen Volkswirtschaften dürfen jedoch nicht einfach über einen Leisten geschlagen werden. Standortvorteile, unterschiedliche Startbedingungen und der gesellschaftliche Umbau müssten in jedem Land gesondert analysiert werden. Gemeinsam ist allen asiatischen Staaten die enge Verbindung zwischen Staat und Wirtschaft. Diese drückt sich in der Gesellschaft, Ökonomie, Politik und in den Institutionen aus.

Verglichen mit den asiatischen Staaten verfolgten Europa und Lateinamerika ein grundsätzlich anderes Modell: Der Staat (das Politische) und die Unternehmen (das Wirtschaftliche) waren grundsätzlich getrennt.

In Europa entwickelte sich der politische Liberalismus allmählich im 19. Jahrhundert. Staat und Wirtschaft blieben klar getrennt. Die stete Machtzunahmen des Grossbürgertums wurde nach dem 1. Weltkrieg durch die wachsende Organisation und damit Bedeutung der Arbeiter-, Arbeiterinnenschaft und durch die Integration der Minderheiten eingeschränkt.

Die beiden Weltkriege haben aber auch gezeigt, dass die europäische Staatenwelt mit liberalen Demokratien ohne transatlantische Hilfe nicht überlebensfähig war. Die liberale Demokratie war gefährdet durch Faschismus und Kommunismus.

Die Zeit nach dem 2. Weltkrieg wird vermutlich als goldenes Zeitalter Europas in die Geschichte eingehen. Die Wirtschaft erstarkte und die Sozialdemokratie wurde dank der kommunistischen Bedrohung von der bürgerlichen Mehrheit an der Regierung beteiligt oder übernahm vorübergehend in verschiedenen Ländern selbst die Regierungsverantwortung. In skandinavischen Ländern mutierte der sozialdemokratisch dominierte Sozialstaat sogar zu einer Art Staatsdoktrin. Der gesellschaftliche Wandel, aber auch das Verschwinden des ideologischen Druckes von aussen nach 1990, führten dann zur Schwächung der traditionellen Linken in Europa.

In Lateinamerika führten traditionelle, teilweise feudalistische Abhängigkeiten und die mangelnde Integration der indigenen Bevölkerung zu wachsenden Ungleichheiten. Der schwache Mittelstand und das Vorherrschen der Grossgrund besitzenden Bourgeoise führte zu keiner Stabilität. Die Geschichte bis zum Ende des 2o. Jahrhunderts war geprägt durch Militärregimes und Caudillismo.

Ein extremes Beispiel dafür ist Bolivien: Die Ausbeutung der rei-
chen Vorkommen an Bodenschätzen war immer das Privileg
der grossbürgerlichen Elite. Die nationale Revolution von 1951
schuf mit der Verstaatlichung der Minen ein Gegenmodell, das
sich infolge der politischen Instabilität und der weltpolitischen
Konjunktur jedoch nicht bewährte. Andere Versuche, dem
Staat mehr Kompetenzen zu geben - etwa in Argentinien, Ve-
nezuela, Kuba oder Nicaragua - wurden erstickt wegen man-
gelnder Checks und Balances in der politischen Machtstruktur,
durch Korruption und die Intervention der USA. Bemerkens-
wert ist der Versuch einer Alternative von Evo Morales in Boli-
vien. Sein Vorgehen liess sich nicht von demokratisch-westli-
chen oder kommunistischen Modellen leiten. Es war der Ver-
such, die natürlichen Ressourcen an eine breite Bevölkerung zu
verteilen und wichtige Infrastrukturen zu finanzieren. Dabei
verwendete er durchaus kapitalistische Vorgehensweisen.

Bolivien mit Evo Morales wird vermutlich als Pilotversuch in die Geschichte eingehen. Die wachsende Korruption und der unvermeidliche
Caudillismo führten trotz wichtigen Ansätzen zum Misserfolg.

Das Ungleichgewicht zwischen dem pazifischen und dem atlantischen
Raum ist jedoch der Entwicklung in Asien zuzuschreiben. Allen dortigen
Staaten gemeinsam ist, dass Fortschritt dank der aktiven Rolle des Staates zustande gekommen ist. Dies ergibt sich aus einem anderen Staats-
verständnis und anderen Erwartungen der Bürger und Bürgerinnen. Die
asiatischen Staaten haben keinen politischen Liberalismus erlebt. Die
Errungenschaften der Aufklärung wie individuelle Freiheit, Gleichbe-
rechtigung usw. sind in Asien keine tragende Staatsideen. Die Rolle des
Staates als Hüter von Ruhe und Ordnung, aber auch als Ordner des sozialen, politischen und wirtschaftlichen Lebens wird von den Bürgern
und Bürgerinnen akzeptiert und sogar begrüsst.

Dieses Verhalten der ost- und südostasiatischen Staaten und ihr unbe-
strittener Erfolg im Prozess der Globalisierung ist für den westliche Beobachter erstaunlich. Die westliche Prämisse, dass Fortschritt und

Wohlergehen Demokratie und Kapitalismus in einem liberalen Umfeld benötige, d.h. dass der Staat nur Rahmenbedingungen definieren solle, in denen die Wirtschaft frei arbeitet, wird durch den Aufstieg Asiens in Frage gestellt. Das Mantra, welches seit dem Zusammenbruch der Sowjetunion das Lied der westlichen Politik bestimmte, verliert an Überzeugungskraft.

Welches sind die weiteren Gründe und die Faktoren für den asiatischen Erfolg? In China und Vietnam schuf der Marxismus–Leninismus politische Strukturen, welche es erlaubte, Gesellschaft und Wirtschaft zu konsolidieren. In westlichen Augen erscheinen diese Staaten nach wie vor als kommunistisch. Dabei wird leicht vergessen, dass beide Länder durch traumatische Bürgerkriege gingen, welche das nationale Bewusstsein schärften. Der Marxismus war nicht nur ein politischer Ordnungsrahmen, er erlaubte als Organisationsform auch die Machtergreifung einer neuen Elite. Er schuf eine straffe Organisation der Gesellschaft, ermöglichte aber auch das Erreichen nationaler Ziele. Für China darf als zweites, staatstragendes Element die neokonfuzianische Tradition nicht vernachlässigt werden. Neokonfuzianische Wertvorstellungen und das konfuzianische Bildungs- und Gesellschaftssystem sind ebenso wichtig wie die kommunistische Ideologie. Dazu gehört die unbeschränkte Lernbeflissenheit, die Disziplin in der Arbeit aber auch im täglichen Verhalten und das Akzeptieren und Anerkennen hierarchischer Strukturen. Die Stärke Mao Tse-tungs war, dass er den Marxismus – Leninismus den chinesischen Verhältnissen anpasste und ihn mit Elementen der konfuzianischen Gesellschaftslehre verband.

Heute kann man sich fragen, wie lange künftige Generationen diese oft impliziten Grundwerte noch anerkennen und leben werden. Für die jetzige Generation ist kennzeichnend, dass westlich anmutende Konsumfreude und die kritiklose Anerkennung von Autorität gut zusammengehen. Es ist sinnvoll, davon auszugehen, dass - falls die konfuzianische Vergangenheit einmal an Bedeutung verlieren wird - sich das System verändern wird. Dieser mögliche Wandel wird jedoch kaum je den westlichen demokratischen und liberalen Werten entsprechen.

Die neokonfuzianische Tradition als tiefverankertes Wertsystem und als Verhaltensorientierung wird im Westen unterschätzt oder gar ignoriert. Dabei geht es nicht nur um China, sondern auch um andere Staaten. Typisch ist zum Beispiel die koreanische Halbinsel. Die Einbindung der beiden Teile der Halbinsel in den Ost- resp. den Westblock haben den beiden Staaten ganz unterschiedlichen Erfolg beschert. Dabei mag es allerdings erstaunen, dass die Kritik am amerikanischen Einfluss bei der südkoreanischen Elite bedeutend grösser ist als die Kritik an der russischen und chinesischen Einflussnahme im Norden. Dies hat dort nicht einfach mit dem repressiven System zu tun.

Allerdings nahm ich in Nordkorea immer eine innere Distanz und gar eine Abneigung gegen China wahr. Ob dahinter eine Angst vor dem mächtigen Nachbarn oder die Kenntnis der Geschichte eine Rolle spielt, ist eine offene Frage. Der chinesische Kaiser pflegte mit Korea eine ähnliche Beziehung wie mit Tibet. Auch die Koreaner mussten dem Kaiser regelmässig Tribut bezahlen, was einer Unterwerfung, mindestens aber einer Anerkennung höherer Autorität gleichkam. Die Koreaner und Koreanerinnen sind in erster Linie nationalistisch und fürchten sich vor einer starken Umarmung durch China. Gerade der Norden würde eine starke Rolle der US als Gegengewicht zu China begrüssen, allerdings selbstverständlich erst, wenn der Konflikt beigelegt ist und die amerikanische Armee aus der koreanischen Halbinsel verschwunden sein wird.

Zwischen Nord- uns Südkorea gibt es einen geistesgeschichtlichen Gleichschritt, der nicht übergangen werden darf. Der wirtschaftliche Erfolg des Südens ist zwar die Folge massiver amerikanischer Wirtschaftshilfe. Ebenso wichtig ist aber das neokonfuzianische Wertesystem, das dem Land eine hohe Arbeitswilligkeit und Disziplin bescherte. Der dritte Grund sind die gigantischen Mischkonzerne (Jaebeols), die von der traditionellen Elite geleitet werden und eng mit dem Staat kooperieren. Die beiden letzten Aspekte lassen sich durchaus auch im Norden finden. Die verinnerlichte neokonfuzianische Verhaltensweise und Kultur werden von den Kims in Nordkorea ebenso geschickt ausgenutzt, wie seinerzeit von Mao in China. Der grosse Unterschied zwischen Nord- und Südkorea besteht darin, dass sich der Süden zu einem Exportland par excellence entwickelte, während der Norden sich seit dem Zusammenbruch der Sowjetunion und dem COMECON abgekoppelt vom Weltmarkt durchmausern muss. Aber es gibt auch Ähnlichkeiten: Bis 1978 unterschieden sich beide Staaten kaum in ihrem Demokratiedefizit und der Repression gegenüber Oppositionellen. Südkorea war eine brutale Militärdiktatur von Amerikas Gnaden. Der Norden war mindestens so repressiv und autoritär. Nordkorea investierte sein industrielles Kapital weitestgehend als Subvention für die Landwirtschaft, um die Selbstversorgung sicher zu stellen. Seit dem Untergang des Ostblocks ist Nordkorea nun im Clinch zwischen Abgeschlossenheit und Öffnung, wobei das Regime innenpolitisch seiner repressiven Politik treu blieb. Der Süden ist mit dem Sturz des Militärregimes durch eine demokratische Reform gegangen. Die Jaebeols und die starke Verbindung zwischen Wirtschaft und Staat blieben dabei bestehen.

In den südostasiatischen Staaten dagegen gibt es beträchtliche nationale Unterschiede. Sie haben keine konfuzianische Vergangenheit. Allen gemeinsam ist, dass Staat und Wirtschaft eng verbunden sind. Regierungsumbildungen durch Wahlen oder Umstürze haben diese Konstellation nicht grundsätzlich verändert: Die neuen Machteliten hielten sich jeweils an die traditionellen Muster.

> - *Der Botschafter Malaysias erklärte unumwunden, seine Rolle in Nepal sei es, Aufträge für malaysische Firmen an Land zu ziehen. Sei er erfolgreich, qualifiziere er für ein Land mit besseren Marktchancen.*

- *Die nordkoreanischen Botschafter müssen nicht in erster Linie Aufträge gewinnen, sondern rare Handelsgüter für ihr Land organisieren. Dazu gehören der Tausch und Kauf wichtiger Güter, welche die nordkoreanische Wirtschaft braucht. Die Botschaften haben auch den Auftrag, in ihrem Gastland durch geschäftliche Tätigkeiten Einkommen zum Decken der Botschaftskosten zu generieren. Zum Beispiel durch die Eröffnung von koreanischen Restaurants vor Ort.*

- *Während der Westen voller Enthusiasmus mit Aung San Suu Kyi den (erhofften) politischen Wandel in Myanmar feierte und die Schweiz Minister einlud und eine Vervielfachung der Entwicklungsförderung versprach, demonstrierten in Yangoon radikale Buddhisten gegen eine Öffnung. Der Botschafter Myanmars in Nepal, ein junger dynamischer Kerl, outete sich im vertraulichen Gespräch als General. Er war nach Nepal entsandt worden, um sich als Diplomat weisszuwaschen. Er werde nach Ablauf von zwei Jahren sein Land in Wien bei der Atomenergieagentur vertreten. Dort erhalte er die Akkreditierung nur, wenn er sich als Diplomat ausweisen könne.*

Der Aufstieg Nord und Südostasiens geschah unter Voraussetzungen, die der westlichen Trilogie Demokratie - Liberalismus - Kapitalismus weitgehend widersprachen.

China, der neue Riese

Die geopolitisch spektakulärste Veränderung seit den 80er Jahren des letzten Jahrhunderts ist das rasche wirtschaftliche Wachstum und die Ausweitung der globalen Präzenz Chinas. Der wichtige Anstoss kam von

Deng Xiaoping, der 1979 de facto die Macht übernahm. Er liberalisierte die Wirtschaft, verschloss sich aber jeglicher Demokratisierung. Seit seine Massnahmen griffen, weist Chinas Wirtschaft jährliche Wachstumsraten von durchschnittlich 8% aus. Das Land wurde bis 2019 zur zweitwichtigsten Wirtschaftsmacht der Welt.

Die Rolle der Partei und die konfuzianische Tradition wurden oben bereits beschrieben. Sie stellen das Gerüst des chinesischen Systems dar. Im Gegensatz zur Sowjetunion behielt die Partei hier ihre Dynamik. Die Kader werden regelmässig ausgebildet und durch jährliche Kurse auf Draht gehalten. Dieser Unterschied zur Situation in Russland ist bedingt durch die historischen und kulturellen Voraussetzungen, welche nicht verglichen werden können. Russland wurde bis zur Revolution von einer aristokratischen Elite beherrscht. Der Marxismus-Leninismus verschaffte der neuen Elite ihr ideologisches Kostüm. Präsident Putin umgibt sich mit persönlich Vertrauten. Sein Regime hat (noch) keine Verankerung in der Tiefe der russischen Geschichte gefunden. Die chinesische Gesellschaft beruhte historisch gesehen auf Grossfamilien. Prestige und Einfluss der Familie hingen davon ab, wie viele Mitglieder in hohen Posten platziert werden konnten. Kriterium für den Aufstieg war dabei ein stetes Bemühen um Vervollkommnung und Wissen.

Wer vorwärtskommen wollte, musste lernen und Examen bestehen, für welche konfuzianische Werte und Verhaltensweisen eine zentrale Rolle spielten. Je konformer sich eine Person verhielt, desto grösser war die Anerkennung und ihre Stellung in der Hierarchie.

Heute ist dieser konfuzianische Hintergrund den Chinesen und Chinesinnen kaum bewusst, aber in ihrem Verhalten und im Rewarding System kommt es deutlich zum Ausdruck.

> *In der akademischen Welt sieht dies etwa so aus: Die Grundsaläre sind nicht spektakulär und für alle ziemlich gleich. Ist der Wissenschaftler, die Wissenschaftlerin in der Lage, eine besondere Leistung zu vollbringen, wird dies vom System jedoch sofort honoriert. Dabei gibt es offenbar recht klare Kriterien, die allerdings von aussen kaum nachvollziehbar sind. Wer beispielsweise einen Artikel in einem wissenschaftlichen internationalen Journal platziert, erhält möglicherweise ein Fahrzeug oder eine bessere Wohnung.*

Verglichen mit dem Westen ist dieses System ausserordentlich kompetitiv und erstaunlich flexibel. Die Konsequenz ist eine hohe Arbeitsmoral und ein möglichst systemkonformes Verhalten.

> *Die chinesischen Mitarbeitenden bei ICIMOD1 fielen auf durch ihre raschen Reaktionen, wenn China wegen Menschenrechten oder der Situation in Tibet kritisiert wurde. Diese Reaktionen waren immer strikte systemkonform und erfolgten schriftlich, so, als ob die Mitarbeitenden ihre Loyalität bei gewissen Stellen beweisen müssten.*

Ein weiteres Charakteristikum der chinesischen Tradition ist der Anspruch, das «Reich der Mitte» darzustellen. Das Kaisertum hatte historisch immer wieder Mühe, sich gegen zentrifugale Kräfte und vor allem gegen die «barbarischen» Randvölker durchzusetzen. Dazu gehörten Tibet, Korea aber auch die Uiguren in westchinesischen Gebieten. Diese bezahlten zwar Tribute an den Kaiser, aber die Suzeränität konnte nicht von jedem Kaiser wirklich in Dominanz umgesetzt werden.

Die Mitte und das Zentrum des Reiches zu sein war kulturell, gesellschaftlich und politisch von höchster Bedeutung. Die Mitte, repräsentiert durch die Verbotene Stadt – eine Palastanlage im Zentrum Pekings -, war ideologisch das Herz Chinas. Nicht zufällig liess Mao Tse-tung vor

---

1   **International Centre for Integrated Mountain Development** (ICIMOD, Internationale Zentrum für Integrierte Entwicklung in Bergregionen) ist ein in Nepal gegründete Regionalorganisation der Himalaya Staaten.

dem Palast und genau auf der zentralen Achse, nämlich in der Mitte des Tian'anmen-Platzes seine Statue errichten.

Das moderne China hat nun die Randvölker systematisch mit Han-Chinesen und -chinesinnen durchsiedelt, traditionelle Wohnformen ersetzt durch moderne, gut zugängliche und kontrollierbare Siedlungen. Die Kultur und die Lebensformen dieser Völker werden unterdrückt oder zu reiner Folklore reduziert. Am deutlichsten sichtbar ist dies heute an der systematischen «Umschulung» der Uiguren. An einer Konferenz zur Förderung Tibets in Peking führte der Minister der Zentralregierung aus, dass für die chinesische Regierung die Bodenschätze Tibets von strategischer Bedeutung sind. Als der Gouverneur als offizieller Vertreter der Region Tibet von den Interessen der Bevölkerung sprechen wollte, wurde er von den Vertretern der Zentralregierung unterbrochen. Dabei erwähnten diese die Rieseninvestitionen, welche die Regierung in Tibet getätigt hatte (Autobahnen, die Eisenbahn nach Lhasa usw.) und kritisierten die Tibeter als undankbar. Die tibetische Kultur floriert heute vorwiegend in den Nachbarstaaten. In Nepal hat die Anzahl buddistischer Klöster zugenommen, sie sind grösser und schöner geworden. Damit hat auch der Druck Chinas auf Nepal zugenommen.

> *Als die Olympiade in Peking stattfand, mussten die Expeditionen im Base Camp des Everest warten, bis die chinesische Expedition von Tibet aus, den Gipfel erreicht hatte. Der chinesische Botschafter besuchte das Base Camp wiederholt per Helikopter. Als unter den Bergsteigern und Bergsteigerinnen eine Person mit einem «Free Tibet»-T-Shirt gesichtet wurde, verwiesen die nepalesischen Behörden sie des Landes.*

Die Digitalisierung erlaubt heute den chinesischen Behörden eine umfassende Überwachung der gesamten Bevölkerung und eine Kontrolle des Konsumverhaltens, aber auch der sozialen und politischen Aktivitäten. Innenpolitisch ist «1984» von George Orwell weitgehend Realität geworden.

Gegen aussen entwickelt China eine wirtschaftliche Dynamik in Form von privaten und staatlich kontrollierten Firmen, die von der Regierung finanziell und politisch unterstützt werden. Diese bewegen sich gemäss einer von der Partei definierten langfristigen Strategie.

Damit wird einer historischen Entwicklung, nämlich der Migration und Durchdringung der südostasiatischen Länder, ein neuer Impuls verliehen. Das moderne China überschwemmte bereits in den 70er Jahren die Nachbarländer mit billigen Konsumgütern. In den 80er Jahren tauchten diese Güter auch in Afrika auf. Kleinhändler aus Afrika und auch aus Russland reisten nach China und zu den Chinatowns Südasiens, um sich mit chinesischen Gütern für den Heimmarkt zu versorgen. Während der 90erJahre etablierten sich immer mehr chinesische Familien als Geschäftsinhaber in afrikanischen Städten. Sie ersetzten die «petits colons» aus Europa und machten den Händlern aus dem Libanon Konkurrenz.

Zu Beginn des neuen Jahrtausends hat sich der chinesische Exportmarkt professionalisiert und differenziert. Je nach Qualität der Produkte wird eine unterschiedliche Kundschaft bedient. Für grosse Märkte wie die USA liefern die chinesischen Firmen hoch spezialisierte Produkte, welche praktisch wie «made in the US» aussehen.

Wer seit den 70er Jahren Afrika bereist, stellt fest, dass die in den 70er und 80er Jahren mehrheitlich europäischen Fluggäste weitgehend durch chinesische ersetzt wurden. Wer früh morgens in Addis Abeba, der Drehscheibe für Afrikareisende, ankommt, wähnt sich in einem chinesischen Flughafen. Ethiopian Airways fliegen praktisch alle afrikanischen Städte an. Sitzt man im Flugzeug nach Lubumbashi sieht man in der Business Klasse smarte chinesische Geschäftsmanager in Anzügen und mit Computern. Weiter hinten sitzen die chinesischen Professionals und Arbeiter.

> *Die demokratische Republik Kongo kann als Beispiel gelten. In Kinshasa restauriert eine chinesische Firma das nationale Fussballstadion. Im Stossverkehr steht man plötzlich hinter einem mit chinesischen Arbeitern vollgepackten Lastwagen, der offensichtlich auf dem Weg von der Baustelle zu ihrer Unterkunft ist. Als wir einem grossen Schaufelbagger mit chinesischem Chauffeur begegnen, frage ich meinen Fahrer, weshalb nicht er auf diesem Fahrzeug sitze. Er schüttelt nur müde den Kopf. Er habe zwar im Nachbarland eine Ausbildung für die Führung schwerer Baumaschinen absolviert, habe aber keine Chance, zu so einem Posten zu kommen.*

Die erstaunlich aktive NGO-Szene beobachtet die Entwicklung sehr genau. Nicht wenige sehen die chinesische Präsenz als eine positive Alternative zu den Europäern. Die Chinesen stellen keine Fragen und mischen sich politisch nicht ein. In der ehemaligen Provinz Katanga, dem Zentrum des Bergbaus im Kongo, erhalten chinesische Firmen Konzessionen und arbeiten ausschliesslich mit chinesischem Personal. Daneben gibt es internationale Grosskonzerne unter chinesischer Kontrolle.

Wir erhalten Zutritt zu einer grossen Mine, die sich bereit erklärt hat, im Sinne von «Social corporate responsibility» mit der lokalen Bevölkerung am Rande der Mine zusammenarbeiten. Wir sind offiziell angemeldet. Etwa nach zwei Stunden Autofahrt auf holpriger Strasse kommen wir zum Eingang der Konzession. Hier betreten wir gewissermassen extraterritoriales Gebiet.Die Konzessionäre können während 25 Jahren nach eigenem Gutdünken und unbehelligt von der kongolesischen Gesetzgebung wirken. Nach 25 Jahren müssen sie das Minengelände wieder intakt übergeben. Das Gelände ist mit einem Schlagbaum geschlossen. Unsere Papiere werden kontrolliert und unsere Körpertemperatur gemessen. Anschliessend geht es auf einer gut asphaltierten Strasse noch ungefähr zehn Kilometer zum Hauptquartier der Mine. Wir werden freundlich empfangen. Die Präsentation der Mine und das Interesse an einer Zusammenarbeit mit einer Entwicklungsagentur sind professionell. Die Mine gehört zu einem internationalen Konzern (MMG - Minerals and Mining Group), welche an der Börse in Australien und London kotiert ist. Es handelt sich um ein weltweit tätiges Unternehmen mit Minen in Peru, Laos, Australien und der Demokratischen Republik Kongo. Laut Eigenwerbung will die Gruppe in zehn Jahren eine der führenden Firmen weltweit sein. ("We were founded in 2009 to become the worlds' most respected mining company. We mine to build wealth through the development of our people"). Die Mine gehört der chinesischen MinMetals-Gruppe.

Ähnliche Beispiele liessen sich für andere Ländern Afrikas aber auch Südamerikas beschreiben.

Die chinesischen Investitionen werden teilweise mit langfristigen Krediten oder Gegengeschäften (Schürfungsrechte) finanziert. China mischt sich grundsätzlich nicht in die inneren Verhältnisse ein. Elemente der europäischen Aufklärung wie Gleichheit, Menschenrechte, Demokratie oder Liberalismus gehören nicht zum chinesischen Gepäck.

Chinesische Aktivitäten wie Investitionen, der Erwerb von Minenkonzessionen oder Land Grabbing sind eingebettet in eine langfristige Strategie, die von der Partei definiert und kontrolliert wird. Die Umsetzung geschieht durch staatliche, staatsnahe oder private Firmen, welche von der Regierung politisch oder mit Subventionen aktiv unterstützt werden. Die Kohärenz des chinesischen Vorgehens wird sichergestellt durch regelmässige Weiterbildungen und periodische Wiederholungskurse für die Kader. Die höchste Kaderstufe, beispielsweise die Vizeminister, sind in der Regel nicht Verwalter, sondern Spezialisten in ihrem Fachgebiet, die ihr Amt nur für eine bestimmte Zeit ausüben. Während die Planung langfristig und strategisch ausgerichtet ist, sind für die Umsetzung kurze und effiziente Entscheidungswege wichtig.

> *Bei ICIMOD konnten die chinesischen Kollegen nicht verstehen, wenn Policyfragen und andere Entscheide in der Organisation breit diskutiert wurden. Sie erwarteten klare und rasche Entscheide vom Management. Wir erhielten denn auch aus Peking eine Beurteilung als schwerfällige und ineffiziente Organisation.*

In Europa macht die chinesische «One Belt, One Road»-Initiative Furore. Gemäss den Aussagen des schweizerischen Bundespräsidenten handelt es sich um die grösste Investition des Jahrhunderts. Gezielt werden zum Zweck der wirtschaftlichen Expansion Meerhäfen gebaut (in Pakistan und Sri Lanka) oder gekauft (Griechenland) oder für langfristige Gegenleistungen ausgebaut (Genua). Die Schweizer Wirtschaft erhofft sich von dieser Initiative viele Aufträge.

Die wirtschaftliche Entwicklung mit einem stark exportorientierten Schwerpunkt erfolgte in einer ausgesprochen kurzen Zeit. Unter der jetzigen Führung von Xi Jinping erhält die chinesische Expansion auch eine klar militärische Komponente. China will nicht nur technologisch führend sein (im All beispielsweise). Unter Berufung auf die eigene Geschichte der Ming Dynastie im 15. Jahrhundert baut China auch eine Flotte auf und errichtet Stützpunkte in den umliegenden Meeren. Dadurch entsteht ein neues Spannungsfeld mit den Nachbarn, aber auch mit den USA. Bis zu ihrer unpopulären Intervention in Korea am

Ende des zweiten Weltkrieges befolgten die Amerikaner die klare Strategie, sich auf die pazifischen Inseln zu konzentrieren und das asiatische Festland zu meiden. China wie Korea – der Norden wie ein Grossteil der Bevölkerung des Südens – wollten und wollen die USA vom asiatischen Festland fernhalten. Mit der neuen Expansion werden China und die USA aber nun nicht nur wirtschaftliche, sondern zusätzlich auch militärische Rivalen.

Das chinesische Modell mit einer starken Führung der Partei und gleichzeitiger Anwendung kapitalistischer Methoden der Wirtschaftsentwicklung unter Kontrolle und in enger Zusammenarbeit mit dem Staat kann auch in Vietnam beobachtet werden. Dieses Modell wird in Volkswirtschaften mit starkem Nachholbedarf unter anderen Vorzeichen viele Nachahmer finden.

Afrikanische Forscher sind erstaunt über den Erfolg der chinesischen Wirtschaft. In ihren Studien diskutieren sie, welches der vielversprechendste Weg für den Fortschritt in Afrika sei. Dabei vergleichen sie den «Washington Consensus», der für gute Regierungsführung, privaten Kapitalismus, Menschenrechte und Demokratie steht mit dem «Peking Modell» das für Staatkapitalismus, souveräne Staaten und wirtschaftlich Rechte eintritt. Die dominierende Meinung ist, dass der Neoliberalismus seit 30 Jahren für Afrika ein Misserfolg war und das Peking Modell der bessere Ansatz für das 21. Jahrhundert sei.

Die westlichen Investoren haben unternehmerischen Erfolg in China. Ihre Kinder und Enkel werden sich vielleicht fragen, ob die Unternehmer auch weitsichtige Bürger gewesen sind und ob sie mit der Unterstützung eines Systems, nicht die eigene Zukunft untergraben haben.

Der Westen verliert seine Kohärenz

Der Westen als Sieger des Kalten Krieges

Der Begriff «Westen» bedarf einleitend einer Klärung: Als Westen wird hier nicht eine Organisation oder Staatengemeinschaft gemeint. Es geht viel eher darum, dass Leute und Staaten sich zu Gedankengut bekennen, das von einer judäisch-christlichen Grundlage sich über Jahrhunderte entwickelt hat. Daraus ist eine westliche Kultur mit gemeinsamen Werten und Verhalten entstanden. Geographisch und politisch lässt sich der Westen nicht klar definieren. Allerdings, seit dem 2. Weltkrieg ist deutlich, dass die USA eine Art Trendsetter des Westens in kulturellen und politischen Bereichen sind. Sie haben auch in wirtschaftlichen und militärischen Bereichen de facto eine Führungsrolle übernommen. Der Begriff ist also geographisch und politisch schwammig. Die Kernländer des Westens sind die europäischen Staaten sowie die USA und Kanada. Je nach Thema gehören auch Australien, Neuseeland und Japan dazu.

Drei Entwicklungen prägten das internationale Geschehen nach dem 2.Weltkrieg: Die Gründung und das Wirken der UNO, der Kalte Krieg und die Entkolonisierung mit dem Entstehen der «Dritten Welt».

Nach dem Weltkrieg ergab sich die Notwendigkeit, die Beziehungen unter den Staaten neu zu regeln. Der gemeinsame Rahmen stellten die Vereinigten Nationen dar, die 1945 gegründet wurden. Sie entstanden auf Initiative der Sieger des Krieges und waren der Ausdruck der Dominanz des Westens. Eine Dominanz, die sich in der Zusammensetzung des Sicherheitsrates und in den Mehrheitsverhältnissen der Breton Woods Institutionen, wo die USA und die westlichen Staaten über eine klare Stimmenmehrheit verfügten, niederschlug. Wirtschaftspolitischer Liberalismus, die Demokratie als erstrebenswerte Staatsform und die UNO-Charta der Menschenrechte - ein Produkt westlichen Denkens seit der Aufklärung - dominierten das politische Denken.

Die folgenden Jahrzehnte waren bestimmt durch den Kalten Krieg. Die Sowjetunion, die andere Siegerin des Weltkrieges, beteiligte sich nur zaghaft und selektiv an diesen Institutionen. Die philosophischen Grundlagen der Sowjetunion, der Kommunismus, hatte zwar den gleichen Ursprung wie die Ideen im Westen, nämlich in der Aufklärung, blieben aber mit dem Marxismus im 19. Jahrhundert stecken. Man glaubte, mit einer Revolution und der Diktatur des Proletariats die Nachteile westlichen Denkens, insbesondere des Kapitalismus aus der

Welt zu schaffen. Der Kalte Krieg bedeutete nun, dass sich zwei gegensätzliche Systeme gegenüberstanden. In Europa entstanden bald klare Grenzen, hinter denen sich beide Systeme mit parallelen Organisationen gegenüberstanden: Die NATO und die Europäische Wirtschaftsgemeinschaft im Westen, dem Warschauer Pakt und dem COMECON im Osten. In Asien war die Grenzziehung der Interessensphären weniger eindeutig und führte in Korea und Vietnam zu kriegerischen Auseinandersetzungen.

Die Unabhängigkeit der Kolonien bis in die 60er Jahre stellte das Staatensystem vor neue Herausforderungen. Die pattähnliche Situation in Europa mit den sich gegenüberstehenden Machtblöcken verlagerte den Wettbewerb der Systeme in den Süden, zu den ehemaligen Kolonien. Sie führte zu einem Machtvakuum, das bald als Dritte Welt bezeichnet wurde. Im indonesischen Bandung schufen 27 Staaten dieser Dritten Welt die Gemeinschaft der Blockfreien. Sie wollten damit ihre Distanz zu den beiden Machtblöcken betonen. Die asiatischen und afrikanischen Staaten blieben aber das weite Feld, in dem sich die beiden grossen Systeme mit teilweise unzimperlichen Methoden bekämpften. Vorerst gelang es, strategisch wichtige Länder wie den Iran durch Staatsstreiche (wenigstens vorübergehend) ins westliche Lager zu integrieren. Die Ziele, eine freie Wirtschaft mit Demokratie zu schaffen und die Vision einer kommunistischen Weltrevolution standen einander gegenüber. Viele Entwicklungsländer waren weniger beeindruckt vom sturen System des internationalen Kommunismus als vom sowjetischen Modell, das scheinbar dank autoritärem Regime, zentraler Planung und staatlichen Unternehmen erlaubte, grosse Entwicklungsschritte zu überspringen. Teilweise wurden deshalb die Erfahrungen der sowjetischen Neuen ökonomischen Politik (NEP) aus den 20er Jahren copypaste übernommen.

> *Ein typisches Beispiel dafür war Äthiopien. Nach dem Sturz des Negus konnte man glauben, die neuen Machthaber hätten die Banner und Slogans aus den 20er Jahren direkt aus den Archiven in Moskau hervorgeholt. Mit diesen zierten sie Strassen und offizielle Gebäude.*

Dieses Muster, versehen mit lokalem Dekor, verfolgten verschiedenste Länder. Der Westen begegnete der potentiellen Ausdehnung des Kommunismus mit Wirtschaftshilfe und Entwicklungszusammenarbeit. Mord und Todschlag waren verpönt, man überliess beides den Geheimdiensten. Viele Länder benutzten ihren blockfreien Status, um geschickt von beiden Systemen zu profitieren. Ein tragisches Beispiel dafür ist Afghanistan, das sich südlich des Salangpasses von den Amerikanern Bewässerungssysteme und Staudämme finanzieren liess, und sich gleichzeitig nördlich davon von den Russen aushalten liess. Nach dem Bau des Tunnels durch die Russen, der die Verbindung zwischen dem Norden und dem Süden wintersicher machte, nahm das sowjetische Modell überhand, was schlussendlich zu Regierungsumstürzen und einer gegenseitigen Bekämpfung immer radikalerer Marxisten, Trotzkisten und Leninisten führte. Schliesslich mussten die Russen den radikalsten Regierungschef mit einem eigenen Bataillon beschützen, um ihn dann auch gleich ermorden zu können. Das Ganze endete mit der Invasion und dem Fiasko der russischen Armee.

Der raschen technologischen Entwicklung in den westlichen Industriestaaten waren das zusehends verknöcherte System und die überalterte Führungsriege der Sowjetunion nicht gewachsen. Der erwachende Nationalismus der ostereuropäischen Staaten und die Unfähigkeit des kommunistischen Systems, sich zu modernisieren, sowie das unglückliche Afghanistanexperiment, brachten die Sowjetunion und den Ostblock und mit ihm den Warschauer Pakt und den COMECON schliesslich zur Implosion.

Das Ende der Sowjetunion und die Pax Americana

Das Ende der Sowjetunion und der Zerfall des COMECON bedeutete das abrupte Ende des Kalten Krieges. 1992 wurde gefeiert als der Sieg des

Westens. Aus der bipolaren Welt entstand plötzlich eine monopolare. Man glaubte, das Ende der Geschichte sei gekommen. Francis Fukuyama sprach den Politikern mit seinem Essai, in dem er das Ende der Geschichte beschwor, aus der Seele.

Die Zukunft sollte durch Demokratie, Liberalismus und Kapitalismus bestimmt sein.

Es war kaum umstritten, dass die Vereinigten Staaten die Führung der neuen Welt übernahmen. Man sprach von einer «Pax Americana». Der Präsident der USA wurde implizit, aber auch klar ausgesprochen zum Führer des Westens erhoben und als mächtigste Person der Welt gefeiert.

Die amerikanischen Werte wurden in den USA als weltbestimmend definiert und in Europa als Junior Partner wurde ihnen nachgeeifert.

Globalisation erhielt nun eine neue Dimension. Sie machte die Welt zu einem globalen Dorf. Für amerikanische Autoren war klar, dass der Sieg über den Kommunismus der Sieg amerikanischer Werte war. Thomas F. Friedman veröffentlichte in der New York Times einen Artikel, der die Stimmung so zusammenfasste, dass er Globalisierung als amerikanisches Produkt bezeichnete. Die USA hätten die Globalisierung erfunden und erlaubten nun der Welt, es ihnen gleich zu tun, sofern die anderen die amerikanischen Regeln befolgten. Was im Westen Erfolg hatte, sollte auch im Osten und Süden funktionieren.

Der Untergang des Feindes im Kalten Krieg führte zwar zu einer leichten Reduktion der Militärausgaben. Da andere Länder diese in den 90-er Jahren stärker reduzierten, stieg der amerikanische Anteil an den globalen Militärausgaben von 37 auf 40%. Die unbestrittene Führerschaft der USA sollte durch die militärische Überlegenheit untermauert und gestützt werden.

> «No other nation on earth has the power we possess. More important, no other nation on earth has the trusted power that we possess. We are obliged to lead. If the free world is to harvest the hope and fulfill the promise that our victory in the Cold War has offered us, America must shoulder the responsibility of its power. The last best hope of earth has no other choice. We must lead.»
>
> *Colin L. Powell, chief of Staff der amerikanischen Armee in "Foreign Affairs" 1992, zitiert nach Andrew Bacevich, The Age of Illusions,2020.*

Der Nachfolger von Powell als Chief of Staff bestätigte diese Vision in einer Vision 2010: Die amerikanischen Streitkräfte sollen immer und überall schnell und mit Überzeugung gewinnen.

Bacevitch kommentiert den mit militärischer Macht untermauerten Führungsanspruch der USA mit folgenden Worten:

> *« The wonders of all-spectrum dominance would be America`s and America's alone, the sole superpower thereby achieving absolute mastery over war itself.»*

Die nach dem Krieg gegründeten Institutionen und die Mechanismen der internationalen Zusammenarbeit blieben trotz geostrategischen und politischen Veränderungen vorläufig bestehen. Dazu gehörte der Multilateralismus unter der akzeptierten Führung der USA. Der Ausbau der UNO-Organisationen, insbesondere durch die Schaffung der Welthandelsorganisation WTO öffnete dem freien Warenaustausch und den international tätigen Unternehmen Tür und Tor. Die Digitalisierung und der allgemeine technologische Fortschritt führten zu einer beschleunigten Entwicklung von Handel und Verkehr und zu einem Ausbau der Globalisierung.

Das Jahrtausend endete mit einem versöhnlichen Ton: Der Multilateralismus konnte mit der Annahme der Millenniums Development Goals einen Höhepunkt feiern. Allerdings ging beim Feiern dieser Einigkeit vergessen, dass dem Beschluss ein hartes Feilschen vorausgegangen war. Die Westmächte, mit anderen Worten die Demokratien, wollten die Menschenrechte und «gute Regierungsform» als gemeinsame Zielsetzung vereinbart haben. Die Länder der Dritten Welt wehrten sich kategorische dagegen. Sie befürchteten eine unangemessene Einmischung. Für den Kompromiss sorgten dann einige Schwellenländer: Man einigte sich darauf, dass vorerst die Armut beseitigt werden müsse, bevor man von Menschenrechten sprechen könne. Das Resultat zeigte also, dass die Globalisierung im 21. Jahrhundert nicht einfach nach westlichem Denkmuster verlaufen würde.

Der amerikanische Alleingang

Das neue Jahrtausend begann am 11. September 2001 mit einem Donnerschlag. Der Anschlag auf die Twin Towers durch Al-Kaida traf das amerikanische Selbstbewusstsein ins Herz. Die Reaktion der Regierung - «we chase them and we catch them» - und die nachfolgende Aktion in Afghanistan waren geleitet von Frust und dem Bedürfnis nach Revanche. Das nun folgende Vorgehen sollte das aussenpolitische Verhalten der USA nachhaltig verändern und innenpolitische Spannungsfelder und Gegensätze blosslegen.

Die amerikanische Reaktion war bestimmt durch zwei Kernanliegen: Man wollte rasch und radikal handeln, die treibenden Kräfte um Rumsfeld, Wolfowitz und Cheney wollten mit grossen Mitteln einsteigen und zeigen, dass die amerikanische Armee das Problem des Terrorismus ein für alle Male lösen konnte. Es ging nicht darum, in Afghanistan ein Problem zu lösen, sondern die Schmach zu rächen. Die militärische Intervention erfolgte mit Hilfe der Allianz der Willigen (Japan, Australien und Kanada halfen symbolisch mit). Die NATO kam zu Hilfe, beschränkte sich aber auf polizeiliche Massnahmen. Militärisch liessen die Amerikaner im Norden des Landes die Nordallianz die Drecksarbeit leisten. Im Osten, der Provinz Nangarhar, kauften sie die Unterstützung lokaler Warlords, welche Bin Laden in den Höhlen von Tora Bora ausschalten sollten. Die lokalen Kämpfer waren willig, die amerikanische Unterstützung anzunehmen, liessen aber die Widerstandskämpfer ziehen, entweder, weil diese mehr bezahlten, oder weil sie ihnen gleichgültig oder gar gleichgesinnt waren. Die westliche Intervention hat in Afghanistan kaum Probleme gelöst. Der Hauptschuldige, Bin Laden, wurde zwar später in Pakistan durch Spezialeinheiten der amerikanischen Armee getötet. Al-Kaida als Bewegung hatte sich aber bereits selbständig gemacht. Afghanistan blieb ein instabiles Territorium, in dem sich verschiedene Kategorien von Terroristen tummelten.

Mit der zusätzlichen Intervention im Irak gelang es den Amerikanern nun ohne NATO, einen wüsten Potentaten zu eliminieren. Dabei zerstörten sie aber im Mittleren Osten das labile Gleichgewicht nachhaltig und lösten die westliche Einheit auf. Heute müssen sie mindestens teilweise die Verantwortung für den Schlamassel und die Entstehung eines der grössten Krisenherde der Welt übernehmen.

9/11 löste in den USA eine wenig reflektierte und teilweise spontane Kettenreaktion mit umfassendem Engagement im Ausland aus, welche im Grunde nicht der amerikanischen innenpolitischen Stimmung entsprach. Bereits in den 90er Jahren, nach dem Ende des Kalten Krieges, wollten sich weite Kreise generell aus Welthändeln zurückziehen. Der Kommunismus war endgültig besiegt. Damit nahm die Motivation rapide ab, sich militärisch im Ausland zu engagieren. Die Schlacht um Mogadishu 1993 mit sechzehn amerikanischen Toten und der Zurschaustellung von amerikanischen Gefallenen, war ein Gräuel für die Weltöffentlichkeit und ein Schock für das amerikanische Publikum. «No deads!» hiess es von nun an in Amerika. Während des Genozids in Rwanda weigerten sich die Amerikaner deshalb einzugreifen. Ihre Interessen im Kongo liessen sie durch private Kontrakter schützen und sie begnügten sich damit, in Kongo Laurent Kabila und in Rwanda Paul Kagame als Elemente der Stabilität aufzubauen. Im Balkankonflikt liessen sich die USA nur nach langem Zögern zu einer Intervention überzeugen. Für sie war der Balkan eine europäische Angelegenheit.

Die Abneigung gegen ausländische Missionen hat sich unter Präsident Trump zu einem wahlpolitischen Mantra entwickelt. Auslandeinsätze kamen nur noch in Frage für die Verteidigung ausschliesslich amerikanischer Interessen. Die Devise «America First» hat auch zur Folge, dass man nicht mehr bereit ist, auf transatlantische und andere Verbündete Rücksicht zu nehmen.

Ein Grossteil des amerikanischen Publikums will nichts mehr wissen von der Rolle der USA als Weltpolizist und der Verteidigung politischer und ethischer Werte. Der Präsident ist vermutlich ein guter Leser der amerikanischen Seele. Diese ist beeinflusst von der Entwicklung der wirtschaftlichen Situation und vom gesellschaftlichen Wandel. Die Persönlichkeit des Präsidenten ist dabei ein Interpret und Beschleuniger, aber kaum der Initiator.

Die Globalisierung lässt die USA als Sieger erscheinen. Allerdings ging das Land durch eine Deindustrialisierung, die viele Verlierer und Verliererinnen hinterliess. Amerikanischer Stahl war plötzlich nicht mehr konkurrenzfähig und die stolze Autoindustrie verlor Terrain gegenüber der Konkurrenz aus Japan, Südkorea und Europa. Der amerikanische Markt wurde zunehmend mit chinesischen Produkten überschwemmt. Ein immer grösserer Anteil der Wertschöpfungskette der amerikanischen Grosskonzerne enthielt Teile «made in China». Bereits zur Zeit Clintons wurde die Arbeitslosenzahl reduziert durch die Zunahme von schlecht bezahlten, nicht qualifizierten Arbeitsstellen, welche zur Folge hatten, dass die Arbeitsnehmenden zum Überleben in mehreren Anstellungen arbeiten mussten. Der weisse Mittelstand verlor an Gewicht und Achtung. Immer mehr Leute rutschten sozial ab. Die Finanzkrise 2008, die für viele den Verlust von Haus und sozialem Status bedeutete, verstärkte die soziale Unzufriedenheit. Gleichzeitig führten das Steuersystem und der für Investitionen nötige Kapitalbedarf dazu, dass Reiche und Superreiche immer wohlhabender wurden. Heute wirkt nur der amerikanische Traum von der Chancengleichheit einigermassen als Schockabsorber.

Der amerikanische Präsident ist ein Unternehmer, der rasche Entscheide fällt und ein hohes Risiko eingeht. Er ist kein Stratege, sondern sucht den kurzfristigen Erfolg. Für ihn sind die europäischen Staaten ein Sack voller Flöhe, ohne Entscheidungsfreude, Durchschlagskraft und Führung. Da sind Russland mit Putin, China mit Xi Jingping oder Brasilien mit Bolsonaro andere Kaliber mit wesensverwandtem Charakter, mit denen er Deals machen kann.

In dieser Grundstimmung suchen die USA als mächtigste Wirtschaftsmacht ihren Willen mit bilateralen Deals und im Alleingang durchzusetzen. Übernationale, multilaterale Institutionen werden als Hemmschuh für die nationalen Interessen betrachtet und nach Möglichkeit übergangen.

Die Betonung der Macht und des aussenpolitischen Alleingangs hatte historisch am Ende des 19. Jahrhunderts mit der Besetzung der Philippinen 1898 einen Höhepunkt in der amerikanischen Geschichte erreicht. Heute bedeutet ein solches Verhalten einen Bruch mit der amerikanischen Haltung seit dem 2.Weltkrieg und führt innenpolitisch zu einer Vertiefung der Gegensätze. Die aktuellen wirtschaftlichen und sozialen Veränderungen und das Auftreten des Präsidenten schaffen in der Bevölkerung zwei klar getrennte Lager beidseits eines sich vergrössernden Grabens bei gleichzeitiger Abwesenheit von überzeugenden Brückenbauern oder -bauerinnen. Es ist aus europäischer Sicht kaum verständlich, wie die Massenmedien (und der Präsident) diese Gegensätze schüren. Es gibt einerseits ein kontinuierliches Trump-Bashing und andererseits die ausnahmslose Bewunderung jeder vorzugsweise getwitterten Aussage des Präsidenten, auch wenn diese ganz offensichtlich falsch ist.

Die USA haben so in kurzer Zeit ihre Rolle als Aushängeschild einer liberalen, demokratischen Welt aufgegeben und verfolgen stattdessen ihre eigenen kurzfristigen Interessen mit provokativen und rücksichtslosen bilateralen Entscheiden. Mit dieser Taktik hat der amerikanische Präsident offensichtlich Erfolg. Die Isolierung der Vereinigten Staaten und die entscheidende Schwächung des Westens mit seinen liberalen und demokratischen Werten wird problemlos in Kauf genommen. Den Gegenkräften fehlt eine glaubwürdige Überzeugungskraft durch klare Alternativen.

Das Ende des Westens als Wertegemeinschaft?

Die Jahre 2015/16 dürften für den Westen eine Scharnierfunktion für das 21. Jahrhundert gehabt haben. 2015 war das Jahr der Flüchtlingskrise in Europa. 2016 beschloss das britische Volk, die Europäische

Union zu verlassen. Und im gleichen Jahr wurde Donald Trump zum amerikanischen Präsidenten gewählt.

Die zwischen Präsident Roosevelt und Premierminister Churchill 1941 beschlossene Atlantik-Charta begründete die Prinzipien für die Nachkriegsordnung. Es entstanden die Grundlagen für den transatlantischen Westen. Seine Werte beruhten auf der Aufklärung und der französischen Revolution. Freiheit, Demokratie, Gewaltentrennung und die Herrschaft des Rechts waren die normativen Grundlagen, welche auch der amerikanischen Verfassung entsprachen. Die wirtschaftspolitische Ausrichtung beruhte auf dem freien Handel und der Privatwirtschaft. Auf dieser Basis entstand später auch das Verteidigungsbündnis, die NATO. Die USA übernahmen in dieser transatlantischen Gemeinschaft die Rolle einer Schutzmacht Europas.

Diese geistigen Grundlagen sind heute in Frage gestellt. Verträge wurden im westlichen Bündnis noch nicht gekündigt, aber der Geist der Zusammenarbeit ist mindestens teilweise verloren gegangen. Gegenseitige Absprachen sind schwierig geworden. Dies betrifft nicht nur die Wirtschaftätigkeit mit Handel und Finanztransaktionen, sondern auch andere grosse internationale Herausforderungen: Klimawandel, Armutsbekämpfung, Migration, Zugang zu natürlichen Ressourcen, Pandemien, Digitalisierung. Aber auch regionale Konfliktherde, die heute die ganze Welt überziehen.

Präsident Trump bezeichnete die NATO als obsolet und schätzte die EU für die USA gefährlicher ein als China! Damit verdeutlichte sich, was sich bereits nach 9/11 angekündigt hatte. Die Vereinigten Staaten konnten für ihr Vorgehen zum Schutz der eigenen Sicherheit und zur Bewältigung der globalen Herausforderungen nicht mehr auf die volle Unterstützung Westeuropas zählen. In Afghanistan gehörten die NATO-Bündnispartner nicht der Allianz der Willigen an und beschränkten sich auf polizeiliche und auf Sicherheit bezogene Aufgaben. Im Krieg gegen Saddam Hussein versagten die NATO-Partner dann ihre Unterstützung ganz. Die Allianz der Willigen im Dritten Golfkrieg umfasste offiziell dreiundvierzig Länder rund um den Globus. Die grossen europäischen Länder, mit Ausnahme von England, blieben allerdings fern.

Westeuropa sah sich 2015 nach der Erklärung von Bundeskanzlerin Merkel mit zahllosen Geflüchteten aus dem Nahen Osten, Afghanistan und Afrika konfrontiert. Die europäische Haltung zum Atomabkommen mit Iran und zur Lösung des Palästinaproblems zeigen eine markante Uneinigkeit mit den USA. Der Abzug der USA aus dem Mittleren Osten hat zur Folge, dass Europa mit der Türkei ein Arrangement suchen muss. Trotz ihrer Ukrainesanktionen teilt die EU betreffend Iran die Position Russlands.

Vieles erinnert an das Europa des 19. Jahrhunderts, wo Deutschland sich gegen die Vormacht des Westens (Englands) an Russland annäherte. England seinerseits träumt heute von seiner imperialen Vergangenheit und zieht sich aus der EU zurück. Der Vergleich mit der Zeit vor dem ersten Weltkrieg drängt sich auch aus anderen Gründen auf: Das Bedürfnis der Grossmächte, ihre Stellung zu behaupten, die massive Aufrüstung, aber auch die Reaktion von Unzufriedenen mit dem Terrorismus als extremem Ausdruck. Anarchistische Kräfte wehrten sich damals gegen die Autorität. 1881 wurde ein tödliches Attentat auf Zar Alexander II verübt. Es folgten Attentate auf König Umberto von Italien, auf den französischen Präsidenten, auf die französische Börse. Die Anarchisten kämpften häufig mit Attentaten gegen die Autoritäten, wobei das Attentat von Sarajevo auf das österreichische Thronfolgepaar von Nationalisten instrumentalisiert und damit zum Auslöser für den Weltkrieg wurde. Heute wenden sich Terroristen nicht gegen Persönlichkeiten, sondern gegen Institutionen und Wertsysteme.

Der Bedeutungsverlust Europas

Mit dem Ende des Kalten Krieges verliert Europa seine strategische Position

Nach dem zweiten Weltkrieg, besonders nach 1948, war Westeuropa gewissermassen das Frontgebiet gegen die kommunistische Expansion von Osten. Die USA unterstrichen diese Rolle durch die Stationierung von Truppen in Europa. Ohne den amerikanischen Schutzschild wäre Europa wohl auf verlorenem Posten gestanden.

Im Verlaufe der Jahre wurde die Bindung von USA und Europa durch den Marshallplan und die Gründung der NATO verstärkt. Europa blieb dabei im Kalten Krieg der Junior Partner. Der Zusammenbruch der Sowjetunion war in den Augen vieler Amerikaner ein endgültiger Sieg über den Kommunismus verlor Europa verlor den Status eines Frontgebietes und die Stimmen in den USA wurden immer lauter, die für die Präsenz amerikanischer Truppen in Europa keinen Sinn mehr sahen. Das Erstaunliche war, dass in dieser Situation die europäischen Staaten, Sieger und Besiegte und allmählich auch am Rand Stehende sich untereinander aussöhnen konnten. Vorerst entstand in diesem Annäherungsprozess die MONTAUNION und später ein noch umfassenderes wirtschaftliches und politisches Zusammengehen. Die Römer Verträge von 1957 waren die Gründungakte für die europäische Integration. Die europäische Wirtschaftsgemeinschaft (EWG) war wohl die wichtigste Veränderung wirtschaftlicher und politischer Art im Europa der Nachkriegszeit. Die EWG entwickelte sich dann zur Europäischen Union mit ihrer schrittweisen Vollendung des Binnenmarktes. Die vier Grundfreiheiten freier Verkehr von Waren und Dienstleistungen, von Personen und von Kapital sowie das Schengener Abkommen von 1993 wurden zu den Eckpfeilern der Gemeinschaft. Die thematische Konsolidierung und Verfestigung der Union verlief parallel zur geographischen Erweiterung und erreichte durch die Integration der zehn osteuropäischen Staaten und der Expansion in den Balkan (Bulgarien und Rumänien) sowie nach Malta einen Höhepunkt.

Die Finanzkrise 2008 brachte Krisensymptome und damit zunehmend wirtschaftliche Spannungen an den Tag. Zusammen mit dem Flüchtlingsproblem von 2015 und dem Wiedererstarken des Nationalbewusstseins in Russland (Krisen in Georgien und der Ukraine) ergaben sich neue politische Probleme. War die Integration zu weit gegangen oder war man zu wenig konsequent in der Umsetzung? Jedenfalls manifestierten sich zentrifugale Kräfte. Die EU-Staaten und ihre Organe waren thematisch vom Brexit absorbiert. In den grossen neuen Herausforderungen (Klimawandel, Migration, usw.) und bezogen auf die Krisenherde am Rande Europas erwies sich die EU als führungslos. In Gebieten wie Nordafrika und dem Mittleren Osten rutschte sie immer mehr in die Rolle einer machtlosen Zuschauerin.

> *Die Lage im Mittelmeerraum ist repräsentativ: Bis Ende des 20. Jahrhunderts wurde die Südostflanke Europas, die Türkei, von Europa als strategische Barriere betrachtet. Die Meerenge am Bosporus diente seit dem 19. Jahrhundert als Riegel gegen die Expansion Russlands. Heute kann sich Europa nur noch knapp und nur dank eines grossen Geldeinsatzes auf die Türkei als Barriere gegen Geflüchtete verlassen. Russland konnte sich nicht nur die strategisch wichtige Halbinsel Krim sichern. Es expandierte munter weiter in den Mittelmeerraum hinein, verfügt in Syrien bereits über eine Militärbasis und übernimmt in Libyen eine bestimmende militärische Rolle. Die Zaren des imperialen Russlands konnten von einer solchen Machtausweitung nur träumen.*

Westeuropa wird erst im 21. Jahrhundert von den Folgen des Zerfalls des Ostblocks eingeholt. Bereits 1992 hatten konservative Politiker, insbesondere Patrick Buchanan während des Präsidentenwahlkampfes in den USA, einen Rückzug der amerikanischen Armee aus Europa gefordert: Der Feind war dank der amerikanischen Armee besiegt, jetzt sei es an der Zeit ,dass die europäischen Staaten für ihre Sicherheit sorgten.

Der strategische Bedeutungsverlust von Europa hat aber auch mit Schwächen der EU zu tun: Das Wirtschaftsgefälle zwischen Süd und Nord, divergierende Politkulturen zwischen Ost und West und eine ungenügende Gouvernanz in ihren Institutionen.

Das Wirtschaftsgefälle innerhalb der EU

Schon vor der Finanzkrise 2008 erwies sich das grosse wirtschaftliche und institutionelle Gefälle innerhalb der EU als Achillesferse. Die EU hatte den südlichen Mitgliedsländern grosszügig Kredite und Subventionen zur Verfügung gestellt, welche diese Staaten nicht mit der notwendigen Finanzdisziplin einsetzen konnten. Kredite wurden gewährt, ohne die Bonität der Kreditnehmenden genügend zu prüfen und die wirtschaftliche und technische Machbarkeit ihrer Projekte war nicht immer über jeden Zweifel erhaben. Mangelnde Gouvernanz und Korruption liessen weisse Elefanten entstehen und die Investitionen liessen sich oft nicht in Wachstum ummünzen. Es zeigte sich, dass in der EU wichtige Kontrollinstrumente fehlten.

Hohe Verschuldung und fehlendes Wachstum waren die Folge dieser Mängel. Die EU - zögerlich unterstützt vom internationalen Währungsfonds IWF - verordnete schliesslich drastische Notprogramme mit der Folge, dass Länder wie Griechenland, Italien, aber auch Spanien mit hohen sozialen Kosten in eine Rezession schlitterten. Die starken Wirtschaften des Nordens mussten über die EU Nothilfe leisten. Unter der Führung Deutschland wurden Budgetgleichgewichte durch die Reduktion der Sozialausgaben durchgesetzt. Die daraus resultierenden hohen sozialen Kosten bei gleichzeitiger Rezession führten im Süden zu Frustration und Europamüdigkeit. Die Abnahme der Industrieproduktion in den überschuldeten Volkswirtschaften förderte den Export aus dem Norden. Deutschland galt als der unbeliebte Gewinner. Der teilweise berechtigte Vorwurf wurde erhoben, dass die Hilfspakete weniger der Sanierung der Wirtschaft in den geplagten Ländern dienten, als indirekt der Rückzahlung von Geldern an deutsche Gläubiger und Gläubigerinnen. Dies hinterliess in den südeuropäischen Ländern einen bitteren Nachgeschmack, den die deutsche Öffentlichkeit überhaupt nicht goutierte. Die deutschen Bürger und Bürgerinnen waren im Gegenteil der Überzeugung, sie müssten für die Nachlässigkeit des Südens bezahlen.

Aus der Sicht der aussereuropäischen Gebiete, wo die EU mit den Instrumenten der Entwicklungszusammenarbeit als grosszügige Geberin auftrat, verstärkte sich der Eindruck, die rasche Vergabe von Geldern ersetze ein klares Konzept. Trotz eindrücklicher Berichte von Konsulenten und Konsulentinnen fehlte in der Brüsseler Zentrale der strategische Weitblick und die administrative Disziplin. Dazu konnte die EU der Versuchung nicht widerstehen, sich beim Verteilen der Gelder von politischen Faktoren beeinflussen zu lassen. Je weiter entfernt vom Zentrum (und damit von der Kontrolle) sich der begünstigte Partnerbefand, umso stärker.

Die Migration deckt verschiedene Wertsysteme auf

Die zweite Krise, die über die EU und Europa hereinbrach, hatte zu tun mit dem Krieg in Syrien und dem strukturellen Problem der Migration. Sie hat deshalb grosse Bedeutung, weil die Flüchtlingsströme 2015 weitergehende Probleme politischer, kultureller, historischer und institutioneller Art aufdeckten. Dazu potenzierten sie sich gerade in Deutschland mit anderen latent vorhandenen Spannungen und Widersprüchen zwischen den alten und den neuen Bundesländern.

Die Aussage von Frau Merkel «wir schaffen das» war ja nicht einfach falsch, sie war aber naiv, weil ihr nicht bewusst war, welche Konsequenzen diese Haltung gegen innen und aussen provozierte. Plötzlich tauchten zum Beispiel in Deutschland, unabhängig von der Situation in Syrien, Afghanen und Afghaninnen auf, die schon lange in Iran gelebt hatten und die Öffnung in Deutschland nun nutzten, um bessere Lebensbedingungen zu suchen.

Die osteuropäischen Staaten begegneten dieser Entwicklung mit immer grösserem Unbehagen. Polen, Ungarn, die Slowakei und die tschechische Republik wurden bereits 2015 von nationalkonservativen Kräften regiert. Es sind Staaten, die nach dem zweiten Weltkrieg teilweise mit neuen Grenzen entstanden und bis vor Kurzem nach kommunistischer Doktrin und mit eingeschränkter Souveränität regiert wurden. Keiner der Staaten kann sich einer soliden liberal-demokratischen Vergangenheit rühmen. Die Geschichte Osteuropas ist geprägt durch Migration, neue Grenzziehungen und das Bedürfnis, die eigene ethnische Identität gegenüber Minderheiten zu behaupten respektive diese nach Möglichkeit zu vertreiben. Die Öffnung dieser Länder darf nicht verwechselt werden mit einem Bekenntnis zu einem modernen weltoffenen Staat. Ein starkes Anliegen ist im Gegenteil, die eigene Identität zur Schau zu stellen und gegen Einflüsse von aussen zu verteidigen. Denn es besteht ein Nachholbedarf in Bezug auf die Selbstdarstellung.

Die EU, vor allem die westeuropäischen Staaten, betonen laut die Wertegemeinschaft und verlangen von den osteuropäischen Ländern das gleiche Verhalten. Diese Werte interessierten bei der Osterweiterung der EU höchstens am Rande. Im Zentrum stand vielmehr die politische Absicht, Osteuropa in den Westen zu integrieren und es so den Machtgelüsten Russlands zu entziehen. Die Ostpartner ihrerseits wollten vor allem Wohlstand und Unabhängigkeit. Die harte Haltung der osteuropäischen Staaten in Flüchtlingsfragen wird verstärkt durch ihre Ablehnung dessen, was sie als Einmischung der Sieger der Globalisierung und der Verfechter der Wertegemeinschaft sehen. Die westlichen Werte werden von den auf Nationalkonservatismus und Autoritarismus geimpften Osteuropäern und -europäerinnen oft als dekadent empfunden. Die osteuropäischen EU- Mitglieder sind auch in der Vergangenheit immer wieder mit westlichem Gedankengut und demokratischen Ideen in Berührung gekommen. So gibt es denn heute in Osteuropa auch eine liberale und sozial fortschrittliche, vorwiegend urbane Minderheit. Sie hat aber gegenwärtig in keinem Land die Möglichkeit, zum Mainstream zu werden. Als Folge leiden die neuen Mitgliedsländer Osteuropas und des Balkans unter der Auswanderung junger und gutgeschulter Bürger und Bürgerinnen, was die konservativ nationalen Kräfte zusätzlich stärkt.

Die EU ist wirtschaftlich gewachsen und historisch gesehen ein eindrücklicher Erfolg. Mit ihrer Ausdehnung und mit den globalpolitischen Veränderungen entstanden aber Herausforderungen, für welche die EU in der jetzigen Form nicht vorbereitet ist.

Europa macht heute weltpolitisch einen schwachen Eindruck und wird von den USA - sehr zur Freude Russlands - als quantité négligeable betrachtet. Die EU hat zwei Optionen: Entweder verstärkt sie die institutionellen Bande zwischen den Mitgliedern oder sie beschränkt sich auf rein wirtschaftliche, den Binnenmarkt betreffende Fragen. Zwei neue Unternehmungen könnten das düstere Bild indessen etwas aufhellen:

Erstens zwingt der Wille, die Aussengrenze gemeinsam zu schützen, die Mitgliedstaaten, aufeinander zuzugehen. Allerdings bewegt man sich dabei auf einen gemeinsamen Nenner zu, der vor allem auf die osteuropäischen und die westlichen nationalkonservativen Kräfte Rücksicht nimmt. Frau Merkel gibt sich am Ende ihrer Amtszeit alle Mühe, ihren Lapsus von 2015 mit Vermittlungsbemühungen zu korrigieren.

Zweitens könnte, falls die Kommissionspräsidentin von der Leyen mit ihrer grünen Initiative wirklich durchkommt, der Kampf gegen den Klimawandel eine neue Plattform der Zusammenarbeit und Konsensfindung sein.

Der Eindruck besteht, dass die geopolitischen Veränderungen die EU-Staaten nicht zusammenschweissten. Die EU behauptet zwar, dass sie eine gemeinsame Aussenpolitik anstrebe, aber die einzelnen Mitglieder treten separat mit ihren Regierungschefs in Peking, Moskau und den USA auf und lobbyieren für ihre eigenen nationalen Interessen. Und gerade die Diskussionen um eine EU-Ausdehnung und über die Beziehungen zu potentiellen neuen Mitgliedern (Mazedonien, Türkei) bringen grosse Meinungsverschiedenheiten an den Tag. Heikel erweisen sich insbesondere die Beziehungen zu Russlands Nachbarn. Hier unterhält die EU Nachbarschaftsprogramme in Form von Fördermassnahmen wirtschaftlicher und kultureller Art. Dabei handelt es sich zum Beispiel in Georgien und der Ukraine durchaus um Massnahmen der Annäherung im Hinblick auf eine mögliche EU-Mitgliedschaft dieser Staaten. Diese Ausdehnungsabsichten der EU werden in Russland als unfreundlicher Akt oder sogar als Aggression verstanden. Zumal dem Westen bei seinem Vorgehen die Sensibilität für die russische Stimmung fehlt.

Denn Russland erholt sich unter Putin von den Wunden des Zerfalls der Sowjetunion. Der Präsident stärkt den Gedanken der slawischen Solidarität und einen von russischen Werten geprägten Nationalismus. Damit mobilisiert er auch ethnische Russen und Russinnen in den Nachbarländern und ethnische Minderheiten im Kaukasus (Südossetien, Abchasien).

Innenpolitische Unsicherheiten in den Mitgliedländern

Die EU hat für ihre zukünftige Entwicklung verschiedene Szenarien definiert. Von «weiter wie bisher» über die Konzentration auf wesentliche Inhalte bis zur Integration weiterer Staaten sind alle Optionen offen. Die Frage stellt sich dabei allerdings, wo und wer die Brückenbauer und Brückenbauerinnen für die Weiterentwicklung sind. Kann jemand die Führung übernehmen? Deutschland und Frankreich sowie Italien durchlaufen gegenwärtig eine Periode der innenpolitischen Unsicherheit. Die traditionellen politischen Kräfte verlieren ihre Wähler- und Wählerinnenanteile.

In Frankreich wurden durch den Sieg Macrons die bisher dominierenden Parteien an die Wand gedrängt, wobei die Präsidentenpartei nicht nur von den Gilets Jaunes und den Gewerkschaften in Frage gestellt wird. Der wichtigste Gegenspieler der Regierung ist das Rassemblement National mit seiner nationalkonservativen Anti-EU-Orientierung.

In Deutschland steht die AfD im Aufwind. Die Sozialdemokratie fällt zurück und die CDU hat keine Führungskraft. Die Noch-Bundeskanzlerin hat sich aus der Innenpolitik zurückgezogen und versucht mit virulentem Anti-Trumpismus mehr Nähe zu Russland herzustellen und das Verhältnis mit der Türkei zu verbessern. Die wachsende nationalkonservative Strömung in Deutschland ist besonders bedenklich. Extreme Elemente kommen rasch in die Nähe des Nationalsozialismus. In der deutschen Presse wird eine breite Verunsicherung der deutschen Bevölkerung erkennbar. Die starke Gegenwart extremistischer Elemente in der Armee ist beunruhigend. Die teilweise verzweifelten Aufrufe in Politik und Medien zur Verteidigung des liberalen, pluralistischen Gedankenguts geben zu denken. Wobei die gutbürgerliche Presse sich bemüssigt fühlt, den Verteidigern und Verteidigerinnen des freiheitlichen Staates einen neuen Namen zu geben. Neben den Kräften, welche die parlamentarische Demokratie in Frage stellen, gibt es nun die «Liberophilen»! Mit dieser Gemütslage kann Deutschland keine Führungsrolle übernehmen.

*Wie unterschiedlich der Boden ist, auf dem der Nationalkon-
servatismus wächst, respektive wie dünn die Oberfläche sein
kann, auf der die liberale Demokratie gedeihen muss, zeigen
die Ereignisse im deutschen Bundesland Thüringen. Natürlich
ist es bedauerlich, dass der Wahlsieger, der immerhin einen guten Leistungsausweis vorweisen kann, nicht regieren darf, weil
er als zu wenig demokratisch gilt. Es ist ebenso bedauerlich,
dass der Vertreter der kleinsten Partei im Parlament dank den
Stimmen der Partei, gegen die er sich im Wahlkampf kompro-
misslos abgegrenzt hatte, gewählt wurde (ohne dass beide ein
gemeinsames Regierungsprogramm diskutiert hätten).*

*Dass nun die Wahl auf Druck der nationalen Parteileitungen
und einer allgemeinen Empörung der sich demokratisch nen-
nenden Volksstimme rückgängig gemacht wird, ist aber
schlicht undemokratisch. Auf dem politischen Willen des Parlamentes wird herumgetrampelt und das Thüringer Stimmvolk
muss sich veräppelt vorkommen. Man kann jetzt spekulieren,
ob die AfD nicht einmal die Chance verdient hätte, sich in der
realen Welt des politischen Alltags zu bewähren. Für die CDU
wäre dies offenbar ein Horrorszenario gewesen. Der ganze Prozess zeigt das mangelnde Vertrauen in den demokratischen
Prozess in Thüringen. Er zeigt aber auch das fehlende Verständnis für die historische Situation dieses Bundeslandes, in dem
aus der Sicht einer Grosszahl von Bürgern möglicherweise der
Nationalsozialismus als letzte positive deutsche Erfahrung erlebt wurde. Die Bundesparteien mussten sich den Vorwurf ge-
fallen lassen, dass sie in Thüringen einen demokratischen Lern-
prozess unterbanden. Und prompt entstand daraus eine nationale Krise mit einem langfristigen Imageverlust für die CDU,
der Partei, welche kurzfristig am meisten Schaden genommen
hätte und nun ihre Glaubwürdigkeit verspielte.*

Europa steht heute ohne Vision und ohne Strategie für die Zukunft da,
und dies in einer Zeit, wo China sich als neuer weltpolitischer Akteur

positioniert, wo die Vereinigten Staaten sich ausschliesslich auf die Verteidigung der Eigeninteressen beschränken wollen und Russland sich aufmacht, einen in der russischen Seele verankerten Nationalismus aufzubauen.

Es mag weit hergeholt erscheinen, wenn für Europa heute das gesagt wird, was die Deutschen von sich vor 200 Jahren gesagt haben: Den Russen und Franzosen gehört das Land, den Engländern das Wasser und für die Deutschen bleibt die Luft. Ein bisschen näher bei der Gegenwart scheint uns die Meinung der britischen Imperialisten um 1880: Sie sahen für das 20. Jahrhundert drei Mächte voraus: China, Russland und das British Empire mit den USA als Junior Partner. Heute erinnert vieles daran, wenn auch eine Anpassung vorgenommen werden muss: China, Russland - und die USA mit England als Junior Partner. Die Brexiteers sähen jedenfalls diese Rolle gern für England. Die aktuellen Verhaltensweisen gewisser Staaten erinnern aber vor allem an das Erwachen der Nationalstaaten im 19. Jahrhundert: Jeder schaut für sich.

Für Europa hätte eigentlich zu Beginn des 21. Jahrhunderts die Stunde der Globalisierung geschlagen: Der Abschied der USA von der atlantischen Gemeinschaft mit ihren liberal-demokratischen Werten, das Aufkommen von Staaten, die sich einem politischen Kapitalismus verschrieben haben und eine dritte Welt, die ein eigenes Selbstbewusstsein entwickelt. Europa müsste nun seine ureigenen Werte vertreten und damit einen Beitrag an die Menschheit leisten: demokratisch, liberal, rechtsstaatlich. Die führenden Staaten in Europa, allen voran Deutschland, Frankreich und Italien, werden aber in den kommenden Jahren mit sich selber beschäftigt sein, zumal sie eben diese Werte im eigenen Land gefährdet sehen.

Die EU als Gemeinschaft für nationale Interessen

Die Internationale Entwicklungszusammenarbeit ist ein interessantes Themengebiet. Sie zeigt unausgesprochen Grenzen der Integration auf. Die EU bemüht sich um eine einheitliche Aussenpolitik. Die Botschafter und Botschafterinnen der Mitgliedsländer und die Vertretungen der EU treffen sich in den Drittstaaten denn auch zu periodischen Koordinationsgesprächen. Die konkrete Zusammenarbeit folgt jedoch einer eigenen Logik. Es gibt ganz offenbar eine offizielle und eine tatsächliche Hierarchie. Die Positionen in der Hierarchie werden gemäss nationaler Proportionalität und nicht gemäss Eignung und Erfahrung der Kandidaten und Kandidatinnen besetzt. In Entscheidungsfindungsprozessen scheinen nationale Interessen eine mindestens so wichtige Rolle zu spielen wie die Anliegen der EU als Ganzes. In den Partnerländern in Zentralamerika, in Afghanistan, Nepal oder der Demokratischen Republik Kongo entsteht dadurch der Eindruck, die EU verfüge zwar über beträchtliche Mittel, aber über zu wenig kompetente Leute.

Das «easy money» machte sich etwa in Afghanistan folgendermassen bemerkbar: Die EU unterstützte ein nationales Programm mit grossen Beiträgen. Bei den Geber- und Geberinnenversammlungen gehörte die EU-Vertretung stets zu den verbal aggressivsten Stimmen, ohne indessen wirklich kompetent zu sein. Zur gleichen Zeit finanzierte die EU ein weiteres Programm, das einen gegensätzlichen Ansatz verfolgte, und sogar in der gleichen Region umgesetzt werden sollte. Zwischen dem Programmverantwortlichen der EU und dem Verantwortlichen bei der Executive Agency dieses Programms bestand eine enge persönliche Beziehung. Die gleiche Agency war mit der Ausführung des nationalen Programms beauftragt. Die aus diesen Verstrickungen resultierenden eklatanten Widersprüche störten weder die EU noch die Executive Agency, wohl aber die afghanischen Beteiligten.

Im Kongo machte die EU Vertretung keinen Hehl daraus, dass sie nichts hielt von Geberkoordination. Sie wollte ihr eigenes Profil behalten und eigene Beziehungen zur Führung des Landes aufbauen. Die Angaben zu den von ihr erbrachten Leistungen waren widersprüchlich, unvollständig und nicht transparent. Die EU-Mission war seit Jahren aus den gleichen Personen desselben Landes zusammengesetzt. Sie wurden nicht ausgewechselt mit der Begründung, es sei schwierig, für den Kongo kompetente Personen zu finden. Allerdings zirkulierten unter den Gebern beharrlich Gerüchte, wonach einzelne Mitarbeiter der EU in Korruptionsfälle verwickelt waren.

Die nationalen Entwicklungsgelder der Mitgliedsländer sollten in den Einsatzländern mit denen der EU koordiniert oder gar wenn möglich im Rahmen einer gemeinsamen Aussenpolitik ganz über die EU fliessen. Dadurch erhöhte sich das Entwicklungsbudget der EU substantiell. Deutschland als Hauptgeber reagierte auf diese Tatsache mit der Gründung von Deutsche Gesellschaft für Technische Zusammenarbeit GTZ – international Services (später GIZ-IS). Diese erhielt den Auftrag, die deutschen Beiträge ans EU-Entwicklungsbudget als Mandate für deutsche Operateure zurückzuholen. In der Ukraine unterstützte die EU ein 100-Millionen-Projekt zur Dezentralisierung. Die Mittel stammten weitgehend aus Deutschland, als ausführende Organisation war die Deutsche Gesellschaft für Internationale Zusammenarbeit (GIZ) bestimmt worden. Die EU war offensichtlich nicht zufrieden mit der Leistung der GIZ und wollte einen übergeordneten strategischen Berater einsetzen. In Absprache mit den anderen Gebern rekrutierte die EU einen internationalen Experten, verhandelte das Pflichtenheft und die Arbeitsbedingungen. Da aber das Budget von der GIZ verwaltet wurde, oblag ihr auch der Vertragsabschluss. Die GIZ machte nun gute Regierungsführung geltend und verlangte, dass der Berater dem deutschen Projektleiter unterstellt werde. Zudem sollte die Stelle international ausgeschrieben werden. Damit wäre ein Prozedere verbunden gewesen, das zu lange gedauert hätte. Die EU liess die Sache fallen. Nicht ohne in der Ukraine den Eindruck eines administrativen Leviathans zu hinterlassen.

Die EU ist nicht Europa, wird aber von aussen als mächtiger Wirtschaftsraum wahrgenommen. Uneinigkeiten bezüglich der Integration weiterer Länder und das interne Ungleichgewicht verhindern jedoch ein überzeugendes einheitliches Auftreten. Zuviel Energie wird in die Regelung administrativer Details investiert. Und es fehlt eine strategische Führung. Zudem ist den Mitgliedern die Vertretung eigener Interessen oft wichtiger als der gemeinsame europäische Standpunkt.

So erreicht Europa global nur eine geringe Wirkung und wird von aussen kaum als kohärentes Ganzes wahrgenommen. Die Meinung nimmt überhand, dass in der globalisierten Welt strategische Weichenstellungen ohne Europa entschieden werden können.

2.3 Der Kapitalismus als dominierendes Wirtschaftssystem

Branko Milanović frei interpretierend könnte man die Entwicklung des dominierenden wirtschaftstheoretischen Systems, des Kapitalismus, nach dem 2. Weltkrieg in drei Phasen einteilen: Zuerst entwickelte sich eine Art sozialdemokratisch geläuterter Kapitalismus. In Europa sprach man von sozialer Marktwirtschaft. Typisch dafür war, dass die ungezügelte Markwirtschaft durch soziale Massnahmen abgefedert wurde.

Mit dem aufkommenden Neoliberalismus und dem Ende der Sowjetunion entledigte sich der Kapitalismus weitgehend seines sozialen Mantels. Er bewegte sich fortan in den Bahnen, die von der liberalen Demokratie und dem Rechtsstaat vorgegeben wurden. Es war die Periode des liberalen Kapitalismus.

Seit den 80er Jahren hat sich zuerst in China, später in anderen ostasiatischen Volkswirtschaften und in Russland ein Kapitalismus entwickelt, welcher von der politischen Macht, dem Staat, geleitet und in strategische Bahnen gelenkt wurde: der politische Kapitalismus. Im Zuge der Dynamik der Globalisierung und angesichts der wachsenden Rivalität der Grossmächte versuchen heute Staaten vermehrt, die Wirtschaft nicht nur zum Wohlergehen ihrer Bevölkerung, sondern auch für ihre machtpolitischen Interessen einzusetzen.

Der sozialpolitisch abgefederte Kapitalismus der Nachkriegszeit

Nach dem Zweiten Weltkrieg bis zum Zerfall des Ostblocks musste sich der Kapitalismus als Konkurrenzsystem zum Kommunismus behaupten. Gleichzeitig musste sichergestellt werden, dass die Arbeitenden und Angestellten am wirtschaftlichen Wohlergehen teilhaben konnten. In den meisten Ländern des Westens führte dies zu einer Integration der

Sozialdemokratie in die Regierung - in einigen Ländern übernahm sie diese sogar - und zum Ausbau des Sozialstaates.

Das kapitalistische System war im Westen klar der Motor des wirtschaftlichen Wachstums. Gleichzeitig entstand durch diese sozialpolitische Integration eine Art Gleichgewicht.

Das aus einer antikommunistischen Haltung heraus entwickelte Feindbild vom Ostblock erlaubte es den westlichen Staaten, die Vorteile und Stärken des eigenen Systems zu unterstreichen, allfälliger Kritik die Glaubwürdigkeit abzusprechen und die Kritiker und Kritikerinnen mindestens verbal gleich in den Osten zu schicken. Die Bipolarität und der Antikommunismus trugen aber auch zu einem sozialen Ausgleich bei: Die Wohlhabenden waren zu Kompromissen bereit, respektive hatten sie Angst davor, die Arbeiterschaft könnte ins Proletariat abrutschen und von Moskau Unterstützung erhalten, wodurch der soziale Friede gestört würde. Diese Ausgangslage führte zur Entwicklung einer Art sozial-liberalem Kapitalismus mit einem Ausbau des Sozialstaates. Und die Anliegen der Arbeiterschaft wurden in die Politik integriert. Die Sozialdemokratie wurde in den europäischen Staaten zu einer prägenden und staatstragenden Macht.

Der Neoliberalismus und das Ende der Bipolarität schufen einen (neo)liberalen Kapitalismus

Der Zusammenbruch der Sowjetunion bedeutete nicht nur das Ende eines politischen Machtsystems. Es bedeutete das Ende des sozialistischen Traums. Es war klar geworden, dass staatliche Planung und Kontrolle der Produktionsmittel nicht zum erhofften Erfolg führten. Zudem läutete der Zusammenbruch die Pax Americana mit einem durch Demokratie und Liberalismus legitimierten Kapitalismus ein.

Für die westlichen Menschen bedeutete das Ende der Sowjetunion aber auch das Ende eines Antagonismus, mit dem die Nachkriegsgeneration aufgewachsen war und mit dem man lebte. So sahen es viele. Doch ist es unrichtig zu meinen, erst das Ende der Sowjetunion habe völlig neue Rahmenbedingungen geschaffen. Der technologische Wandel und die

Beschleunigung der wirtschaftlichen Entwicklung mit einer zunehmend informatisierten Industrie sowie der Verlust des Vertrauens, dass die Wirtschaftspolitik verteilungsorientiert sein müsse, hatten sich bereits früher bemerkbar gemacht.

Die 70er Jahre waren, noch unter dem Einfluss von 1968, ein Jahrzehnt des Aufbruchs. Alte Verhaltensmuster wurden in Frage gestellt und die westliche Welt war überzeugt, mit der Entwicklungshilfe Ungleichheit und Ungerechtigkeit auf der Welt erfolgreich bekämpfen zu können. Robert McNamara, ehemals Verteidigungsminister unter Präsident Kennedy und nun Präsident der Weltbank verkündete 1973 die Überzeugung der Bank, dass die Armut in der Welt innerhalb nützlicher Frist ausgerottet werden könne. Damit begann eine umfassende Armutsbekämpfung in ländlichen Gegenden und in den Slums der Vorstädte des Südens. Sozialreformen und eine verteilungsorientierte Sozialpolitik wurden zum Mainstream. Die Folge war, dass die Sozialausgaben in manchen Ländern stärker wuchsen als die Investitionen und die Wirtschaft. Vor allem Drittweltstaaten verschuldeten sich in beängstigender Weise.

Als Mexiko sich – erstmalig in der neueren Geschichte! - 1982 als Staat zahlungsunfähig erklärte, ging ein Schock durch die wirtschaftliche Welt. Die Breton Woods Institutionen reagierten schnell, wobei der Internationale Währungsfonds die Führung übernahm. Schuldenabbau durch Sanierung der Staatsfinanzen war von nun an das Rezept, das global durchgesetzt werden sollte. Diese bittere Medizin hatte klar neoliberale Ingredienzen: Budgetgleichgewicht, Reduktion der Sozialausgaben und Förderung des Exports. Die Weltbank folgte mit der Verordnung von Strukturanpassungen. Makropolitik (Währungspolitik, Aussenhandel usw.) war nun das Allerweltheilmittel. Die sozialpolitischen Massnahmen verschwanden vom Rezeptblock.

Der Neoliberalismus der 80er Jahre reduzierte die Schulden der armen Länder. Doch den Preis bezahlten die vernachlässigten Armen. Man sprach entwicklungspolitisch vom verlorenen Jahrzehnt. Makroökonomische Sanierung bedeutetet eben nicht Wachstum und das viel gerühmte «trickling down», die quasi automatische Teilhabe der Armen an einer florierenden Wirtschaft, fand nicht statt. Staatliche Dienstleistungen wurden radikal abgebaut. Der Service Public wurde drastisch reduziert (in Bolivien zum Beispiel wurde die Post kurzerhand abgeschafft). Besonders Afrika und Lateinamerika wurden von dieser Kurskorrektur schmerzhaft betroffen. Die nachkolonialen Staaten, die dank der Entwicklungshilfe Dienstleistungen aufgebaut hatten, welche die lokale Wirtschaft nicht hätte finanzieren können, wurden von einer nachhaltigen Krise erfasst. In Afrika sprach man plötzlich von schwachen Staaten, welche das Machtmonopol verloren hatten.

In den Industriestaaten wirkte sich die Wende zum neu orientierten Liberalismus weniger drastisch aus. In mehreren Ländern verlangte nun eine bürgerliche Mehrheit einen Rückzug des Staates. Privatisierung war angesagt. «Weniger Staat, mehr Freiheit» wurde zum populären Slogan. Bei Rezessionserscheinungen zögerte man jetzt nicht mehr, Mitarbeitende zu entlassen. Die Erhaltung der Unternehmen an sich war wichtiger als was sie produzierten und auch als ihre soziale Verpflichtung gegenüber der Gesellschaft. Der gut ausgebaute Sozialstaat mit seiner Arbeitslosenversicherung machte es für die Firmen möglich, ihre Kosten zu reduzieren, ohne dass die entlassenen Mitarbeitenden ganz aus dem sozialen Netz fielen.

Der Neoliberalismus wurde begünstigt durch Modernisierungen und den technischen Fortschritt. Modernisierung bedeutete dabei Investitionen in Maschinen, wodurch die Produktion kapitalintensiver wurde und die menschliche Arbeitskraft als Produktionsfaktor an Bedeutung verlor. Allmählich machte sich auch ein Wandel auf Managementebene bemerkbar. Der Finanzmanager mit der Ausbildung als MBA (Master of Business Administration) - wenn möglich in einer amerikanischen Spitzenuniversität oder mindestens angereichert durch einen Kurzaufenthalt in den USA - wurde immer wichtiger und ersetzte zunehmend den traditionellen Chef mit technischer Ausbildung.

Im Einflussbereich des COMECON fand keine vergleichbare Entwicklung statt. In der Sowjetunion, aber auch in ihren osteuropäischen Satellitenstaaten, verlief die industrielle Entwicklung langsam. Man blieb dem Bild der disziplinierten Industriearbeiter und -arbeiterinnen verhaftet.

Die Konkurrenz aus dem Ostblock wirkte auf den Westen also nicht mehr bedrohlich. Und in Polen, Ungarn und der Tschechoslowakei zeigten sich erste Risse im bisher dichten System des Ostblocks.

Im Gegensatz zu gewissen Auguren ist allerdings die Geschichte mit dem Zerfall des Ostblocks nicht zu Ende. Richtig ist aber, dass der Kapitalismus als Wirtschaftsform der eindeutige Sieger ist. In Ost und West gibt es kaum Zweifel, dass der Kapitalismus die Wirtschaftsform der Zukunft ist. Sozialismus wird heute nur noch als Schimpfwort verwendet, um politische Gegner und Gegnerinnen zu diffamieren. Die innenpolitischen Auseinandersetzungen konzentrieren sich mehr und mehr auf den Service public. Wie weit soll der Staat das Gemeinwohl sicherstellen oder mindestens die Rahmenbedingungen setzen und wie weit sollen Dienstleistungen privatisiert und durch Eigenverantwortung sichergestellt werden?

Der Kapitalismus ist indessen nicht mehr das Privileg und eine typische Erscheinung des Westens. Das moderne China, aber auch Russland und sogar Nordkorea wenden sich mehr und mehr dem Kapitalismus zu.

Die 90er Jahre und der Beginn des neuen Jahrtausends förderten dank der Globalisierung und der Liberalisierung des Aussenhandels den internationalen Austausch. Dies führte in den Industriestaaten durch die Verschiebung der Produktion in billigere Länder zu einer gewissen Deindustrialisierung und einem teilweise beachtlichen Wachstum des tertiären Sektors. In den Unternehmen wurde der Gewinn der Kapitalgebenden in Form von Dividenden und Gewinnabschöpfungen wichtiger als die Nachhaltigkeit der Produktion. Die global tätigen Unternehmen wurden in der Zusammensetzung des Managements aber auch des Aktionariats immer internationaler. Damit zogen in Europa Praktiken aus den USA ein. Der CEO, der den Aktionären und Aktionärinnen einen grossen Gewinn verschaffte, partizipierte am Geschäftserfolg. Die Saläre schossen in die Höhe. Aus Konkurrenzgründen glaubten auch vorwiegend für den nationalen Markt arbeitende Firmen, die neue Hochlohnpolitik mit Boni und Aktiengeschenken nachahmen zu müssen.

Unter den Staaten wuchs der Standortwettbewerb, was sich in vorteilhaften Unternehmens- und Einkommenssteuern für die Wohlhabenden niederschlug.

Der Triumph des Kapitalismus ohne Demokratie und Liberalismus

Parallel zu diesen Krisenerscheinungen im Westen stellen wir in Asien ein neues Selbstbewusstsein und Vertrauen in die kapitalistische Wirtschaftsform fest. China und Vietnam können hierfür als Beispiel genommen werden. Sie erzielen höhere Wachstumsraten als die westlichen Länder und sie tun dies durch die Anwendung klar kapitalistischer Wirtschaftsformen. Der Kapitalismus feiert heute Triumphe in Asien, aber auch in Russland. Es ist ein Kapitalismus ohne demokratisch-liberale Hemmschuhe und Gegengewichte.

Der Traum vom Ende der Geschichte durch den Triumph des Kapitalismus in einem liberalen, transparenten und demokratischen Umfeld erwies sich als Illusion.

Alle Indikatoren weisen im Moment darauf hin, dass der Kapitalismus auch ohne Demokratie funktioniert. Mit offensichtlichen Vorteilen: Er ist effizient, braucht keine langfädigen Konsultationen und wird nicht durch demokratische Rechte und juristische Rechtssätze zurückgebunden. Dies macht ihn erst recht zur idealen Wirtschaftsform für autokratische Regimes, die über kurze Entscheidungswege verfügen. Ein extremes Beispiel dafür ist Russland, wo geschickte Manipulatoren innerhalb kürzester Zeit Staatsvermögen an sich rissen und Milliardäre wurden. Diese Oligarchen hatten angesichts des wiedererwachenden autoritären Staates zwei Möglichkeiten: Entweder sie arrangierten sich mit der Macht oder sie verschoben ihr Vermögen ins Ausland. Der Präsident Russlands regiert nicht mit kontrollierenden und ausgleichenden Institutionen, sondern mit Kräften, die ihm erlauben, direkt und rasch zu entscheiden. Die Kapitaleigner entscheiden und wirken als Unternehmer. Je mehr sie den politisch-strategischen Vorstellungen der Regierung entsprechen, desto eher können sie mit einer aktiven Unterstützung durch den Staat rechnen.

Das System des politischen Kapitalismus nimmt natürlich je nach Land unterschiedliche Erscheinungsformen an. Es ist tendenziell von starken, charismatischen oder populistischen Führungspersönlichkeiten geprägt. Dies gilt für Putin, Xi Jinping aber auch Orban oder Bolsonaro.

Der politische Kapitalismus hat jedoch seine unübersehbaren Schattenseiten: Das System ist nicht demokratisch legitimiert. Es gibt kaum Checks und Balances beziehungsweise werden die bestehenden im Namen der Effizienz eliminiert. Und das System ist anfällig für Korruption. Der politische Kapitalismus neutralisiert ein Grundgesetz des Kapitalismus: Die Kräfte des Marktes spielen nicht mehr, sie werden von der Regierung zu politischen Zwecken beeinflusst. Die strategische Ausrichtung, welche vom Staat vorgegeben wird, hebelt den funktionierenden Markt aus. Das kann sich das Regime leisten, weil der Gesellschaft Gegengewichte entzogen werden, welche Transparenz, freie Meinungsbildung und freie Marktwirtschaft stärken. Klassische Kapitalisten können nur hoffen, der politischen Kapitalismus sei nicht langlebig.

Der politische Kapitalismus wird am Beispiel Russland besonders deutlich: Putin erwies sich bisher als pragmatischer Machtmensch. Er stützte sich weniger auf Partei und Institutionen als auf ihm treu ergebene Freunde, Mitverschworene oder auch bloss auf Günstlinge. Aussenpolitisch gelang es ihm gut, offene Lücken und Nischen auszunützen, um die eigene Einflusssphäre auszudehnen. Allmählich wird aber auch sein Versuch, die Geschichte neu zu schreiben, immer sichtbarer. Putin versucht, einen neuen nationalen Kitt zu fertigen: Es geht um die Betonung der russischen Kultur und eines entsprechenden Gesellschaftsbildes, das den westlichen Individualismus ablehnt, völkisch ausgerichtet ist und die liberalen Ideen verwirft. Damit entsteht das politisch-kulturelle Wertgebäude, das die Basis für einen dirigierten Kapitalismus bildet.

In China wird der politische Kapitalismus am konsequentesten umgesetzt. Er basiert auf einer kompakten Führung mit einem klar strukturierten Beamtenapparat und einer elektronisch gesteuerten Kontrolle der Konsumenten und Konsumentinnen. Diese umfasst nicht nur das Sozialverhalten der Bürger und Bürgerinnen, sondern auch dasjenige der Unternehmen. Der Algorithmus der elektronischen Überwachung definiert die Kriterien für das Wohlverhalten von Unternehmungen. Und die Wissenschaft im Dienst des Staates hilft, die Kräfte des Marktes zu ersetzen.

> *In China hat sich die Zahl der Hochschulen, welche eine MBA-Ausbildung offerieren, von 2007 bis 2020 von 2 auf 32 erhöht. Waren die Ausbildungspläne ursprünglich westlich orientiert, werden die Curricula nun immer chinazentrierter. Manche Ausbildungsstätten haben alte chinesische Texte (und nicht nur den Klassiker von Sun Tsu über die Kunst des Krieges) in ihr Lehrprogramm aufgenommen. Und der Marxismus wird gelehrt, um den Studenten und Studentinnen zu zeigen, wie der Kapitalismus im chinesischen Kontext funktioniert.*

Der politische Kapitalismus hat auch eine Rückwirkung auf die westlichen Demokratien. Der Präsident der USA verhehlt seine Bewunderung für starke Führer nicht. Er ist Unternehmer, sucht den Deal und betrachtet Konsultationen und demokratische Kontrolle als Verlust von Wirkungskraft.

> *In der deutschen Presse wird neuerdings vom neuen amerikanischen Kommandokapitalismus gesprochen. So heisst es etwa in der Süddeutsche Zeitung: «Trumps gelenkter Konsum ist das Gegenteil von Marktwirtschaft und Freihandel, für die Amerika einst einstand... Trumps Kommandokapitalismus erscheint wie ein Rückfall...» (25. Januar 2020). Da ist es nicht erstaunlich, dass in Umfragen Staatschefs wie Putin und XI im Westen bessere Werte erzielen als Präsident Trump.*

Das ruppige Vorgehen des amerikanischen Präsidenten führt zu einem Antiamerikanismus in Europa, der die traditionelle transatlantische Freundschaft weiter schwächt und Europa zusehends alleine dastehen lässt; ohne überzeugende Strategie und ohne klare Führung.

Die Promotoren des politischen Kapitalismus beeindrucken nicht nur die eigenen Bürger und Bürgerinnen. Im Westen sind es gerade die nationalkonservativen Kräfte, welche ihre Bewunderung für starke Führungskräfte kaum verbergen: Diese Führer sind eben Leute, die eine Richtung vorgeben, entscheiden und auch umsetzen. Ein Vorgehen, das die Verlierer und Verliererinnen der Globalisierung schätzen. Je schwächer die Demokratie ist und je weniger die Aspirationen der Bürger befriedigt werden können, desto grösser dürfte auch die Versuchung für einen politischen Kapitalismus im Westen werden.

3   Die Grenzen der Globalisierung

3.1   Die erwachenden Gegenkräfte

Die Globalisierung wertet das Lokale auf

Die Globalisierung unter dem Banner des Neoliberalismus dynamisierte Kräfte und Bewegungen, welche zwar schon vorhanden, aber bisher eher marginal waren. Die Internationalisierung weckte eine Rückbesinnung auf traditionelle Werte. Ethnische Zusammengehörigkeitsgefühle aber auch religiöser Strömungen, teilweise fundamentalistischer Art, wurden stärker. Je mehr die Menschen ihr kulturelles Zuhause und die vertrauten Institutionen durch Modernisierung und Internationalisierung in Frage gestellt sehen, desto eher brauchen sie offenbar einen neuen Werterahmen, mit dem sie sich identifizieren können. Das Bedürfnis einer Stärkung der eigenen Identität ist so allmählich zu einem Gegenpol der Globalisierung geworden. Sie findet in der Bewegung der «Identitären» auch gleich eine extreme Ausdrucksform.

Sowohl in industrialisierten wie in südlichen Ländern erfreut sich die Bindung an das kulturelle, aber auch geografisch Lokale einer erhöhten Beliebtheit. Im nepalesischen Himalaya nahm die Arbeitsmigration vor allem Richtung Golfstaaten in den letzten Jahrzehnten zu. In den Hügeln Nepals träumt jeder Junge von Migration. Einmal weg, wollen die meisten nicht mehr ins Dorf zurück. Trotzdem bleibt das Dorf ihr emotionaler Angelpunkt. In der Schweiz hat die Folklore in Form von Musik und Gesang und ganz besonders das Schwingen als traditionelle Sportart an Bedeutung gewonnen. Auch für städtische Jugendliche ist es heute in, an ein Schwingfest zu gehen. Das friedfertig Urchige wird als wohltuend typisch schweizerisch empfunden.

Die Religion als Identitätsstifterin

Die Religion als Ort der Gemeinschaft ist für viele zum emotionalen Hafen geworden. Die offiziellen Kirchen verlieren an Identifikationskraft und gehen ihres Publikums mehr und mehr verlustig. Freikirchen und

Sekten erhalten immer mehr Zulauf. In den 70erJahren belächelte man die evangelikalen Missionare aus den USA, welche ohne Lokal- und Sprachkenntnisse versuchten, die indigene Bevölkerung in den Anden und in Haiti zu erwecken. Heute sind die evangelikalen Kirchen in den Vereinigten Staaten mehr denn je zum politischen Faktor geworden.

In den Entwicklungsländern wird die Religion dazu verwendet, dem nachkolonialen Staat ein ideologisches Rückgrat zu geben. Indien wurde als säkulare Demokratie gegründet. Der Hinduismus wurde als Beispiel einer friedfertigen, nach innen gekehrten Religion, geschätzt. Der politische Hinduismus wurde vorerst als Randerscheinung wahrgenommen, obwohl sich der Mörder von Gandhi ausdrücklich auf Hindutva berief. Mit dem Niedergang der Kongresspartei wurde die BJP (Bharatiya Janata Party) mit ihrer Verteidigung eines politisch aggressiven Hinduismus immer mehr zur bestimmenden Kraft. In den Wahlen 2014 errang sie die Regierungsmehrheit, welche sie 2019 komfortabel verteidigen konnte. Zur Bekämpfung religiöser Minderheiten werden die freiwilligen Kämpfer der militärisch organisierten RSS (Rashtriya Swayamsevak Sangh) eingesetzt. Der militante Hinduismus erweist sich zunehmend als aggressiv und intolerant gegen muslimische und christliche Minderheiten. Premierminister Modi gehört zu den politischen Führern, welche nicht nur innerhalb Indiens, sondern auch jenseits der Grenzen radikale Positionen verfechten. Mahabarat, Grossindien, welches bis zu den Gipfeln des Himalayas und zum Hindukusch reicht, gehört zu den politischen Träumen der radikalen Hindu.

Der Buddhismus hat verschiedene Erscheinungsformen und erfreut sich weltweit als friedfertige und gewaltfreie Religion wachsender Beliebtheit. Dem Mahayana Buddhismus, der vor allem in Tibet und China zuhause ist, fehlt, seit Tibet von China besetzt ist ein geografisches Zentrum. Der Dalai Lama wandelte sich mit zunehmendem Alter immer mehr zum Autor von Lebensweisheiten und Vertreter eines friedfertigen, kontemplativen Buddhismus. Der Hinayana-Buddhismus in Süd- und Südostasien ist dagegen ausgesprochen politisch. Er gehörte in Kambodscha zur feudalen Unterdrückungsstruktur, welche auch die Entstehung der Roten Khmer förderte.

In Myanmar erweist sich der Hinayana-Buddhismus heute als festes Identitätsmerkmal der burmesischen Mehrheit und als Fundament des nationalen Staatsbewusstseins. Seine Exponenten und Exponentinnen bekämpfen ethnische und religiöse Minderheiten. Sogar Aung San Suu Kyi wehrt sich gegen jede Kritik an der genozidären myanmarischen Armee. Der Buddhismus bildet seit der Unabhängigkeit in Myanmar das Rückgrat der nationalen Identifikation. Als Folge gingen alle seither regierenden Kräfte militärisch gegen nicht-buddhistische Minderheiten vor. Aung befindet sich dabei in der Tradition ihres Vaters, der in Myanmar als Nationalheld gefeiert wird.

Die neue Regierung in Sri Lanka basiert ihren Nationalismus auf die buddhistische Kultur, was mittelfristig neue Unruhen im Land zur Folge haben könnte.

Von besonderer Bedeutung ist der Islam. Er wirkte nicht nur als Kitt bei der Schaffung von postkolonialen Staaten wie Pakistan, er wurde in vielen Ländern zum Wertsystem im Kampf um Unabhängigkeit und für politische Rechte. Dies führte auch zur Gründung terroristischer Ableger, die den Kampf gegen nicht-islamische Werte weltweit aufnahmen.

Der Islam als Sammelbecken gegen das Moderne

Im Verlaufe der zweiten Hälfte des 20. Jahrhunderts setzten sich innerhalb des Islam immer radikalere Strömungen durch. Gemässigte Ausrichtungen wie der Sufismus wurden in den Hintergrund gedrängt. Dem Islam fehlt ein zentrales, ideologisches Clearing Haus. Die Interpretationen des Korans und seiner politischen Relevanz unterscheiden sich deshalb entsprechend der vorherrschenden nationalen, regionalen oder gar globalen Gegebenheiten. Im Spannungsfeld zwischen Tradition und Moderne sind in der zweiten Hälfte des 20. Jahrhunderts muslimische Gesellschaften immer mehr zu sozialen, kulturellen und politischen Unruheherden geworden.

Seit dem 13. Jahrhundert, dem Höhepunkt der islamischen Wissenschaft und Philosophie, entwickelte sich der Islam immer mehr zu der einer Gegenreaktion auf moderne und aufklärerische Veränderungen der Gesellschaft. Nur in Ausnahmefällen wurde er zu einer Religion, welche ihren Anhängern und Anhängerinnen erlaubt, sich konstruktiv und zukunftsgerichtet einzubringen. Der wertkonservative Islam forderte die westliche Welt und ihre Werte zunehmend heraus. In der Moderne wirkt der Islam für Westler offensiv, ist jedoch weitgehend defensiv ausgerichtet. Er verteidigt traditionelle Werte gegen westliche „Dekadenz" und „kulturelle Aggressivität", eine Haltung, welche auch unter westlichen Modernisierungskritikern Anhänger findet. Im Westen wird der Islam deshalb zunehmend als kulturell aggressiv empfunden. Evangelikale Christen sehen durch den Islam nicht nur christliche Minderheiten sondern auch Palästina als Ursprung des Christentums gefährdet. In diesem Zusammenhang ist die Wiedergeburt des Jakobswegs in den 90-erJahren des 20. Jahrhunderts bemerkenswert. Er diente vor 1000 Jahren als Narrativ für die Zurückdrängung des Islam in Spanien. Gegen Ende des 20. Jahrhunderts ist der Jakobsweg touristisch und als Teil der westlichen Wohlfühlkultur populär. Ein Vergleich, dem mit Aufruf des Abtes Hugo von Cluny im 10. Jahrhundert wirkt eher grotesk, bleibt aber der Interpretation zukünftiger Historiker vorbehalten.

Die islamischen Gesellschaften radikalisierten sich entlang von Konfliktlinien. Die Gründe dafür sind vielfältig und nahmen je nach Situation unterschiedliche Formen an. Ein wichtiger Ausgangspunkt und ein Lernfeld für Radikalität war das ungelöste Palästinaproblem. Im Nahen Osten entstanden die ersten radikalen Gruppierungen, welche die Welt mit spektakulären Flugzeugentführungen und Terroranschlägen in Atem hielten. Ihr Vorgehen diente als Vorbild für andere Konfliktsituationen.

Welches sind die grossen Bruchlinien, entlang derer der radikale Islam sich entfalten konnte? Palästina wurde bereits erwähnt. Eine zweite ist die postkoloniale Situation auf dem indischen Kontinent mit Kaschmir als Zankapfel. Eine dritte entstand mit dem Zusammenbruch der Sowjetunion in einigen zentralasiatischen Republiken und besonders in Afghanistan.

Palästina bleibt als eiternder Abszess erhalten und erweiterte sich durch Einflüsse von aussen. Die Interventionen der Europäer, der Amerikaner und zuletzt der Russen erschüttern inzwischen den gesamten Mittleren Osten. Der Streit um Erdöl und die Rivalität der beiden regionalen Mächte, Saudi-Arabien und Iran, werden überlagert von konfessionellen Konflikten zwischen Sunniten und Schiiten.

Die pakistanische Landschaft - vor allem in der ehemaligen Nordwest-Grenzprovinz – wurde von den Arbeitsmigranten, die nach 10-15 Jahren aus Saudi-Arabien zurückkehren, radikalisiert. Dank ihrem relativen Wohlstand etablierten sie sich als Mullahs. Sie sind Vertreter des konservativen Wahhabismus. In den 90er Jahren waren es solche radikale Muslime, die sich für die Bauern in der Malakand Division, welche Land und Obstplantagen für die Absentee Landlords aus dem Punjab bebauen mussten, einsetzten. Für junge nationalistische Muslime und Musliminnen ist die Religion mit ihren Normen und Geboten eine Orientierungshilfe, um sich gegen den Einfluss des Westens und den zunehmenden Materialismus zur Wehr zu setzen.

Nach dem Zusammenbruch der Sowjetunion versuchte Saudi-Arabien, das politische und kulturelle Vakuum in den muslimischen zentralasiatischen Republiken auszunutzen. Ein bevorzugtes Zielgebiet der saudischen Einflussnahme war die Gegend des Ferghanatals. Es ist strategisch interessant im Dreieck verschiedener Staaten gelegen, politisch unstabil, weil ethnisch sehr diversifiziert. Das Tal ist wegen seiner Fruchtbarkeit landwirtschaftlich bedeutsam. Die Saudis bauten Moscheen, Gesundheitszentren und Schulen und kompensierten so den plötzlichen Mangel an öffentlichen Dienstleistungen.

Eine besondere Rolle spielte der traditionalistische Islam, vertreten durch saudische Wahhabiten und Deobandi, die einen reinen Islam und antiaufklärerische Gedanken verfechten für die afghanischen Flüchtlingen in Pakistan. Die mit saudischen und amerikanischen Mitteln finanzierten Medressen (Islamschulen) waren nicht nur antiwestlich, sondern auch antikommunistisch ausgerichtet. Die antikommunistischen Widerstandsgruppen (Mudschaheddin - eigentlich die Verteidiger des Islam) gehörten alle fundamentalistisch-traditionellen Strömungen an.

Die in Flüchtlingslagern ausgebildeten Taliban schufen mit Hilfe des militärischen Geheimdienstes Pakistans in Afghanistan einen, allerdings kurzlebigen, Staat, welcher der Bevölkerung Ruhe und Friede bescherte. Unter den Taliban gab es öffentliche Ordnung. Die Korruption wurde radikal bekämpft. Westliche Nicht-Regierungsorganisationen konnten ungehindert arbeiten. Im Westen hatte man allerdings eine andere Perzeption Afghanistans unter den Taliban: Die Verletzung der Menschenrechte und die Diskriminierung der Frauen standen da im Fokus. Nach 9/11 wurden die Taliban von der amerikanischen Armee und der Allianz der Willigen vertrieben, aber nicht besiegt. Mit Drogenhandel und finanzieller Unterstützung durch die Saudis blieben sie bis heute eine politische Macht. Ihr Fundamentalismus und ihr Abwehrhaltung gegen westliche aufklärerische Werte bilden für die Landbevölkerung die kulturelle Grundlage, die es ihnen erlaubt, gegen westliche Einflüsse und die westlichen Soldaten zu bestehen.

Die Erdöleinnahmen waren seit den 70er Jahren der Treibstoff, mit dem Gaddafi den Islam in den schwarzafrikanischen Ländern förderte. Er liess – oft in christlichem Umfeld -eindrucksvolle Moscheen und islamische Kulturzentren bauen. Im Sahel und in Westafrika radikalisierte sich der Islam aber erst mit dem Erstarken der salafistischen Tendenzen. Terroristische Gruppen lassen nun durch Anschläge auf die Armee und christliche Einrichtungen aufhorchen. Langfristig entscheidender dürfte sich allerdings der zunehmende Islamismus unter der jungen akademischen Elite an den Universitäten auswirken. Die Jungen schwanken zwischen der Bewunderung für westliche Konsumgüter, welche täglich vom Fernsehen präsentiert werden, und einer wachsenden antiwestlichen Haltung. Der Ruf nach betont muslimischen Werten in Kultur und Erziehung findet in der Elite wachsendes Gehör und schafft Voraussetzungen für radikale Terrorgruppen. Die Präsenz der französischen Armee wirkt eher kontraproduktiv. Sie kann vielleicht punktuell gegen terroristische Gruppen vorgehen, die lokale Bevölkerung kann sie aber nicht wirklich schützen. Dadurch dürfte die Anhängerschaft eines radikalen Islam unter der Bevölkerung noch verstärkt werden. Und die schwachen Staatsgebilde, verwaltet von einer europäisch gebildeten

Elite, werden sich gegen die zunehmende Radikalisierung der Jugend und das Wachsen von Rebellengruppen nur schwer behaupten können.

Der Antimodernisierungseffekt der konservativen Kirchen

Allen Tendenzen der Erneuerung religiöser Bewegungen scheint der Wunsch nach sicheren Werten und kultureller Sicherheit eigen zu sein. Religiöse Radikalisierung gehört zum antiglobalen Reflex und zum Gepäck aller konservativen, nationalistischen Kräfte. Dies gilt für den Islam, den Hinduismus, den Buddhismus und das Christentum. Das Bedürfnis nach Sicherheit kann leicht durch Politiker und Führer für radikale oder gar terroristische Initiativen genutzt werden. Das gemeinsame Ziel sowohl evangelikaler Kreise wie auch Angehöriger anderer radikalen Religionen ist die Schwächung oder gar Zerstörung des liberalen, auf den Werten der Aufklärung basierten Staates. Die Rückbesinnung auf teilweise neu interpretierte Werte der Vergangenheit gaukelt ein harmonisches „Früher" vor. Darin ähnelt die Staatsidee Bolsonaros plötzlich gewissen Tendenzen des Islamischen Staates.

> *Ich hatte in Nepal islamische Mitarbeiter besonders aus Pakistan und Bangladesch. Diese konnten ihre Kinder dank der finanziellen Unterstützung des Arbeitgebers in die amerikanische Schule schicken. Bei einer sehr traditionellen Familie dauerte dies bis zum Besuch der Grossmutter. Als diese ihre Enkel bei der amerikanischen Schule abholte, war sie so entsetzt vom freizügigen Verhalten junger Paare vor und nach dem Unterricht, dass der Vater die Kinder aus der Schule nehmen musste. Er schickte sie nun in eine kleine evangelikale Schule mit strikt konservativen christlichen Werten. Als ich mich nach einem halben Jahr über das Wohlbefinden der Kinder in der christlichen Schule erkundigte, strahlte der Vater mich an. Seine Kinder waren nun bestens aufgehoben in dieser Schule.*

Die Migration: Notwendigkeit und Alptraum der Bürger und Bürgerinnen

Erstaunlich ist die Situation in Deutschland, dem Land, das mit seiner wirtschaftlichen Stärke in Europa vermehrt Verantwortung übernehmen sollte. 2019 durchgeführte Umfragen zeigen einen prononcierten Antiamerikanismus. Präsident Trump wird als größte Gefahr für den Frieden betrachtet. Die Vernachlässigung von Machthabern wie Putin und Xi Yingping ist da doch erstaunlich. Gleichzeitig wecken Reden des Bundespräsidenten und Presseartikel über die rechtsextremen Strömungen im Bundesheer grosse Sorge in Bezug auf die politische Ausrichtung Deutschlands. Die starken nationalkonservativen Kräfte beziehen eine betont russlandfreundliche Position und distanzieren sich von transatlantischen Werten. Die meisten Antiglobalisierungstendenzen sind nicht nur betont konservativ, antiliberal und national, sie sind auch ausgesprochen russlandaffin. Dies gilt für das Rassemblement National in Frankreich, das offenbar russische Darlehen für den Wahlkampf erhielt, wie für die österreichische Freiheitspartei, die italienische Liga und die Alternative für Deutschland.

Migrationsströme hat es schon immer gegeben, sie können nicht der Globalisierung angelastet werden. Sie gehören zur Geschichte der Menschheit seit deren Beginn. Unterschiedliche Klimata, Produktionsbedingungen, Kriege und Seuchen waren immer schon die Hauptvoraussetzungen für Wanderungen.

Die Globalisierung hat die aktuellen Migrationen jedoch beschleunigt, wobei die Migrantinnen und Migranten in Westeuropa und den USA auf eine Grundstimmung trafen, welche zu innenpolitischen und kulturellen Problemen führte.

An den Beispielen Sahel und Westeuropa lässt sich das Thema Migration gut erläutern: Die ökologische Situation im Sahel und die Bevölkerungsentwicklung machen eine Zukunft ohne Armut unwahrscheinlich. Die Migration ist für die Menschen im Sahel ein Gebot der Stunde. In Westeuropa ist klar, dass die Pflege der immer älter werdenden Bevölkerung und unsere wirtschaftliche Produktion ohne Migration nicht möglich ist. Auch wir brauchen Migration. Allerdings stimmen Angebot und Nachfrage nicht überein. Zudem komplizieren politische Entwicklungen seit Beginn des neuen Jahrhunderts diese simple Rechnung: Die kriegerischen Auseinandersetzungen im Balkan und im Mittleren Osten haben einen neuen, unerwarteten Migrationsschub verursacht. Er hat in Deutschland innenpolitische Spannungen im Nachgang zur Wiedervereinigung und dem Wiedererwachen rechtextremen Gruppierungen manifest gemach. Frau Merkel hat 2015 mit ihrer Aussage „Wie schaffen das" die Stimmung im Lande mindestens kurzfristig überreizt.

Das dominierende Migrationsproblem nach 2015 waren die Geflüchteten aus dem Mittleren Osten. Die – vorübergehend – liberale Einwanderungspolitik der deutschen Regierung führte zu einer zusätzlichen Flüchtlingswelle: Plötzlich tauchten in Westeuropa viele Afghanen und Afghaninnen auf. Es waren Leute, die seit Jahren als Geflüchtete im Iran gelebt hatten und dort mehr gelitten als akzeptiert wurden. Viele waren bereits im Iran geboren worden und kannten ihre Heimat bloss vom Hörensagen. Die Haltung der deutschen Regierung war für sie wie eine Einladung in das gelobte Land zu ziehen. In der Hoffnung auf bessere Lebensbedingungen zogen viele nun ihre Verwandten – teilweise aus Afghanistan - nach Europa nach. Korrekterweise können diese Menschen jedoch nicht als politische Geflüchtete bezeichnet werden.

Die grosse Anzahl Geflüchteter aus dem Mittleren Osten und aus Afrika, mit anderer Hautfarbe und anderem Sozialverhalten, führten in den westeuropäischen Ländern zu Reaktionen Unsicherheit und Angst. Das zunehmend Fremde führte zu einer zusätzlichen Verunsicherung der autochthonen Bevölkerung. Diese sah und sieht ihre kulturelle Identität bedroht.

Das Fremde erscheint am deutlichsten bei schleiertragenden muslimischen Frauen. Wenn dazu noch demonstrative Auftritte von Salafisten und Hasspredigern in Moscheen mit ihren Tiraden gegen die westlichen Werte kommen und Lehrerinnen der Handschlag verweigert wird, empören sich die Bürger und Bürgerinnen, auch ohne rassistisch oder xenophob zu sein. Die führenden politischen und gesellschaftlichen Kräfte haben diese Probleme nicht erkannt. Die Integration wurde zu wenig rigoros verlangt und gleichzeitig wurde die Aufnahmebereitschaft der einheimischen Bevölkerung überschätzt.

Gerade in Deutschland zeigt sich, wie leicht die Angst vor dem Fremden, dem „Undeutschen", politisch mobilisiert werden kann. Die Bevölkerung der neuen Bundesländer wurde nie demokratisch, pluralistisch und rechtsstaatlich sozialisiert. Die Wiedervereinigung hat ihr die sozialistischen Werte genommen. Der Rückzugsort ist nun nicht die liberale Demokratie, sondern das Deutschtum. Gegen Fremde aus Namibia, Vietnam und Nordkorea gab es bereits zu DDR-Zeiten Abwehrhaltungen, vom System wurde jedoch Solidarität verordnet. Dieser Zwang zur Solidarität ist jetzt weg. Die Demokratie und der Pluralismus wirken aber vermutlich ebenso bedrohlich auf breite Kreise im Osten, wie früher das diktatorische System. Diese Tatsachen dürften Deutschland vor allem im Osten noch einige Jahre beschäftigen.

3.2 Die Krise der Weltordnung von 1945

Die Globalisierung wird heute angetrieben durch die technologisch-wirtschaftliche Entwicklung. Mit der Digitalisierung stehen wir vor einer neuen industriellen Revolution. Sie bewirkt mehr Beschleunigung in der Kommunikation, insbesondere bei der Übermittlung von Data. Big Data ist ein zentrales Thema. Diese Entwicklung beeinflusst nicht nur die Industrie und den Dienstleistungssektor, sondern auch unser Konsumverhalten und unsere Lebensgestaltung. Unsere Daten, ganz persönliche Informationen inklusive, werden vielfach gespeichert, interpretiert und uns als Spiegel vor die Nase gehalten – ob wir es nun merken oder nicht.

Je stärker sich die Globalisierung in den Bereichen Kommunikation und Warenaustausch durchsetzt, desto weniger greifen die Instrumente der globalen Gouvernanz. Wenn sich die Weltgemeinschaft im Rahmen von UNO-Organisationen oder der OECD auf Regelungen einigen kann, ist die technologische Entwicklung bereits wieder einen Schritt weiter.

Die Strukturen, welche die Siegermächte nach dem zweiten Weltkrieg schufen, die UNO und die Breton Woods Institutionen, entsprechen heute nicht mehr dem effektiven Mächtegleichgewicht. Dadurch, dass sich die USA seit anfangs der 90er Jahren immer mehr von ihrer Rolle als Verteidiger der demokratisch-liberalen Weltordnung verabschiedeten, entstanden Machtlöcher, in die sich dann andere Mächte hineindrängten. Was sich 1992 als Pax Americana angekündigt hatte entpuppte immer mehr als Illusion. Ein Schlüsseldatum, das weitgehend unbemerkt an uns vorbeizog, war die viel gefeierte Einigung über die Millennium Development Goals, die im Jahr 2000 von der UNO- Generalversammlung verabschiedet wurden: Hier zeigte sich erstmals, dass die westlichen Werte im 21. Jahrhundert nicht mehr entscheidend sein werden. Die Armutsbekämpfung hatte bereits in den vorbereitenden Konferenzen auf Druck der Entwicklungsländer die Menschenrechte in den Hintergrund gedrängt.

Es gibt heute verschiedene Ansätze für eine Definition der globalen Gouvernanz, ihnen fehlt allerdings die politische und operationelle Durchschlagskraft. Gleichzeitig zieht der ehemalige Hauptinitiant dieser globalen Gouvernanz, die USA, sich allmählich auf eine Position der rein bilateralen Beziehungen zurück.

Wir erleben also eine beschleunigte Globalisierung dank der Digitalisierung. Gleichzeitig verlangsamt sich die Fähigkeit, Handel, Kommunikation und Verkehr in Bezug auf Nachhaltigkeit und Gerechtigkeit zu beeinflussen. Wir verlieren immer mehr die Möglichkeit, die Globalisierung gemeinsam in gewünschte Bahnen zu lenken. Zunehmend setzen die wichtigsten Akteure ihren eigenen Willen unabhängig von den Interessen der Allgemeinheit durch.

Dieser Makrosituation des Verlustes an globalen Gouvernanzmöglichkeiten steht das Verhalten der Bürger und Bürgerinnen auf der Mikroebene gegenüber. Der reiche Teil der Weltbevölkerung - und dies sind vorläufig noch die Bewohnerinnen und Bewohner der westlichen Demokratien - tut sich gütlich am Futtertopf der immer weniger werdenden Ressourcen. Wir wissen, dass, was wir konsumieren, sich nicht wird ersetzen lässt. Wir verhindern mit allen Mitteln, dass uns der Zugang zu diesen Ressourcen erschwert wird. Uns ist zwar bewusst, dass eine Globalisierung, wie wir sie jetzt abläuft, nicht nachhaltig ist und dass der Mehrheit der Erdbevölkerung die Ressourcen, die wir heute verbrauchen, nie mehr zur Verfügung stehen werden. Uns fehlt jedoch die Bereitschaft und der politische Wille, uns einzuschränken.

Die Massenmedien sorgen dafür, dass der Luxus, in dem eine kleine Minderheit der Erdbevölkerung lebt, auf dem ganzen Erdenrund bekannt gemacht und lustvoll dokumentiert wird.

Dank Fernsehen und Youtube glauben die Jungen des Sahels, genau zu wissen, dass man in Europa in Saus und Braus lebt. Das Problem ist heute nicht so sehr die Armut auf dieser Welt, als der wachsende Graben zwischen der Realität einer Mehrheit der vorwiegend jungen Weltbevölkerung und ihren Erwartungen an eine imaginäre Welt, die ihnen vorgegaukelt wird.

Im National Solidarity Programme (NSP) in Afghanistan gehörte die Elektrifizierung von Dörfern zu den beliebtesten Projekten. Das NSP finanzierte als Inselbetrieb über 1000 solcher Elektrifizierungen. Nach einem Jahr mussten wir diese Projekte suspendieren, weil geschickte Geschäftsleute die neu erhältliche Elektrizität für die Eröffnung einer Art Dorfkino benutzten. Dort wurden vor allem Pornofilme von Satelliten heruntergeladen und gezeigt, um die männliche Bevölkerung zu ergötzen. Die streng konservativen muslimischen Dörfer erhielten damit ein Fenster, um eine besondere Art des Westens kennen zu lernen.

In Humla, im fernen Westen Nepals, das Gebiet, das durch grösste Abgeschiedenheit und Armut gekennzeichnet ist, kann sich der Familiengast abends am Boden sitzend mit den Gastgebern irgendeinen internationalen Fernsehsender zu Gemüte führen.

Der Bürgerkrieg in Syrien und immer mehr Junge auf der Suche nach besseren Zukunftsaussichten und Lebensbedingungen alimentieren die Migrationsströme nach den USA und Europa. Diese sind das Produkt des Widerspruchs zwischen der Vorstellung von unerschöpflichem Wohlstand in den Köpfen der Migrationswilligen und den materiellen Entbehrungen im Alltag ihres Herkunftslands. Es sind möglicherweise die Vorboten eines Wandels, auf den unsere westlichen Gesellschaften kaum vorbereitet sind. Frankreich verfügt bereits über eine reiche Erfahrung mit der Immigration aus den ehemaligen Kolonien und Nordafrika. Es entstehen Inseln von nicht integrierten Bevölkerungsgruppen. Die Attentate in Frankreich der letzten Jahre hatten praktisch alle ihren Ursprung in verarmten Banlieues, wo sich jungen Immigranten radikalisierten.

> *Die Studien von Bernard Rougiers in Pariser Banlieues zeigen, wie radikale Islamisten gemässigte Moslems unter Druck setzen und wie sich ganze Quartiere allmählich von der Gesamtgesellschaft absetzen. Armut und fehlende Integration schaffen das Umfeld für eine Radikalisierung.*

Es scheint, dass die Verweigerung des Zugangs zu den Früchten der Globalisierung Ressentiments, einen Durst nach neuen Werten und eine Flucht in extreme Weltanschauungen bewirkt, die zutiefst antiwestlich und undemokratisch sind.

In Deutschland konzentriert sich das Ressentiment der Verlierer und Verliererinnen der Globalisierung (und der Vereinigung Deutschlands) auf die steigende Anzahl von Migranten und Migrantinnen sowie auf die Personen, die eine offene, pluralistische Gesellschaft vertreten.

In Afghanistan wird die Präsenz der Kaukasier (so werden die Europäer genannt) als physische und kulturelle Bedrohung empfunden. Dies gilt insbesondere für die Truppen der NATO (ISAF) und für die amerikanische Armee, deren Angehörige auf der Suche nach Terroristen in Wohnhäuser einfallen. Wenn die amerikanische Regierung mit den Taliban ein Waffenstillstandsabkommen verhandelt, ohne die nationale Regierung daran zu beteiligen, wird dies als aggressiv empfunden. Wenn zudem die Gründe für die Verhandlungen in der amerikanischen Innenpolitik liegen, schafft dies Frust und Enttäuschung bei den Betroffenen, Ernüchterung bei den Alliierten und einen grossen Vertrauensverlust in die Rolle der mächtigsten Weltmacht, der USA. Diese verfolgte in Afghanistan eigene Ziele, welche sie nicht erreichte. Sie hinterlässt ein teilweise selbst verschuldetes Chaos.

Die Gesellschaften in der Industrialisierten Welt gehen heute durch eine Periode der Instabilität. Die zunehmenden Unterschiede stärken Extreme, die sich politisch als nationalkonservativ oder gar nationalsozialistisch gebärden. Die traditionellen Kräfte und der liberale Staat verlieren an Glaubwürdigkeit und an Fähigkeit, die grossen Herausforderungen des 21. Jahrhunderts konstruktiv anzugehen. Die Grüne Bewegung ist in diesem Umfeld eine positive und erfrischende Erscheinung. Ihr Wirken wird allerdings lediglich die Bewusstseinsbildung beeinflussen und entsprechende Reaktionen wecken. Wenn sie ihren Aktivismus nicht konkret gesamtgesellschaftlich und -politisch umsetzen kann, wird ihr Erfolg als staatstragende Partei bescheiden bleiben.

Globalisierung, technologische Entwicklung und Neoliberalismus haben die herkömmlichen Kräfte des Ausgleichs und Gegengewichte geschwächt. Das Ende der Sowjetunion wurde als Triumph des Kapitalismus gefeiert. Dieser streifte in der Folge seine bisherige Rücksichtnahme auf sozialpolitische Gegengewichte ab. Branko Milanovic spricht in seinem Buch «Capitalism Alone» nun von liberalem Kapitalismus. Das heisst, die sozialpolitischen Entwicklungen in den Staaten mussten den demokratischen Instrumenten innerhalb der Gesellschaft Rechnung tragen. Je nach Land und Ausgestaltung dieser Instrumente waren unterschiedliche Checks and Balances angezeigt. Ihr Ziel war, den Kapitalismus mittels Beachtung der liberalen demokratischen Werte mehr oder weniger sozial verträglich zu machen.

Tatsächlich allerdings führten die Globalisierung von Kommunikation und Verkehr und die Internationalisierung der Wirtschaft zu einem teilweise wilden Kapitalismus, der innerhalb von Landesgrenzen kaum noch kontrolliert werden kann. Die Gewinner und Gewinnerinnen dieses Prozesses profitierten überdurchschnittlich. Eine zunehmende Ungleichheit, Frustration und verschiedene Gegenreaktionen sind auf der anderen Seite das Resultat. In den meisten Länder des Westens profitierte immerhin auch die Mittelschicht, eine breite Mehrheit also: Ihre

Kaufkraft und ihr Wohlstand nahmen zu, wenn auch in keinem Verhältnis zum Reichtumszuwachs der Supergewinner. Dies dürfte der Grund sein, weshalb Instabilität und Frustration, nicht aber Revolten festzustellen sind. Eine wachsende Demokratisierung und Liberalisierung des Individuums in der westlichen Gesellschaft -nicht zuletzt als Folge der der Verbreitung der Massenmedien-bei gleichzeitig zunehmender wirtschaftlicher Ungleichheit ist vermutlich einer der Hauptgründe für die verbreitete Frustration und Unzufriedenheit.

Gegenwärtig hat man den Eindruck, dass im Westen die liberale Demokratie an Kraft und Fähigkeit, wichtige Probleme zu lösen, verloren hat. Daraus resultiert ein zusätzlicher Vertrauensverlust bei den Verlierern und Verliererinnen der Globalisierung. Es entstand eine Unzufriedenheit mit der «politischen Klasse» und eine Unsicherheit, welche Folgen die geschwächte Gestaltungskraft der liberal demokratischen Werte haben wird.

3.3   Die Ohnmacht der liberalen Demokratie

Im Westen, dem Hort der liberalen Demokratie, nimmt die Fähigkeit der politischen Institutionen ab, innerhalb nützlicher Frist mehrheitsfähige Lösungen zu beschliessen. Dies betrifft Regeln des Zusammenlebens in der Gemeinschaft ebenso wie die Reaktionen auf globale Tendenzen und die Notwendigkeiten, internationale Entwicklungen in lokal verträgliche Lösungen zu giessen. Der Bürger, die Bürgerin hat den Eindruck, der Staat schütze seine, ihre Anliegen nicht, sondern vertrete stattdessen andere Interessen. Instagram und Youtube vermitteln zudem den Eindruck, zu einer offenen Meinungsbildung beizutragen. Auf diesen Kanälen können alle Interessierten ihre Ansichten sozusagen uneingeschränkt kommunizieren. Die modernen Medien verhalfen also gewissermassen einer breiteren Demokratisierung und politischen Mitwirkung der Bevölkerung zum Durchbruch. Vordergründig wurde die Gesellschaft demokratischer.

Das Stammtischgespräch im Wirtshaus stellte zwar immer schon eine Möglichkeit dar, zu «politisieren». Dort bestand in der Regel aber zur

Rede und auch Gegenrede. Bei den sozialen Medien zählt nur die eigene Meinung, welche allenfalls durch Likes und Daumenhoch oder -runter bestätigt oder abgelehnt wird. Wer sich mit einem Tweed meldet, hat fast immer recht, da es keine unmittelbare Antwort gibt und spätere Reaktionen schon nicht mehr relevant sind.

Dieser Scheindemokratie steht der Frust gegenüber, dass wichtige Entscheide scheinbar ohne demokratische Kontrolle gefällt werden. Obwohl wir doch demokratische Rechte haben, können wir nicht vermeiden, dass der Unterschied zwischen Arm und Reich immer grösser wird. Es entstand ein Widerspruch zwischen der politischen Beteiligung der Bevölkerung an der Demokratie und der wirtschaftlichen Realität, die eigene Gesetzmässigkeiten verfolgt.

Deshalb orientieren sich viele lieber an Persönlichkeiten, die sagen, wo es langgehen soll. Klare Meinungsäusserungen werden geschätzt, auch wenn sie wenig oder nichts zur Lösung der anstehenden Probleme beitragen. Es entsteht ein Frust, ein Ressentiment gegenüber dem System und das Bedürfnis wächst, sich an sichere, unzweifelhafte Werte zu halten. Die Globalisierung dagegen erscheint als nicht klar definierte Gefahr. Daher erfolgt eine Rückbesinnung auf eine teilweise neu erfundene Vergangenheit, die Sicherheit und Geborgenheit bietet.

Zum Verständnis der heutigen Situation müssen wir nicht unbedingt auf den Begriff des Kampfes zwischen den Kulturen eines Huntington, oder auf den Zusammenhang zwischen Coca Cola und dem Heiligen Krieg in den Ausführungen des amerikanischen Soziologen B.R Barber zurückgreifen.

Es ist sicher nützlich, wenn wir die heutige Situation und die aufkommenden Konflikte nicht nur dem Zusammenprall von Zivilisationen, dem Konflikt endogener Kräfte oder gar dem Klimawandel zuschreiben. Die Konflikte sind oft auch Reaktionen auf die Globalisierung und auf den Druck, der von unserer westlichen individualistisch-materiellen Welt ausgeht.

Wir dürfen Erscheinungen wie die Taliban, Al Kaida oder gar den IS nicht als Problem «der andern» interpretieren. Sie sind die Reaktion - und

Negation - bestimmter Werte. Es geht um die Ablehnung der westlichen individualistisch- materiellen Weltsicht. Die Exponenten und Ideologen dieser extremen Organisationen sind nicht Hinterwäldler. Es sind oft westlich geschulte Intellektuelle, welche einen Teil ihres Lebens im Westen verbracht haben. Die Fusssoldaten und -soldatinnen des IS sind Söhne und Töchter unserer Gesellschaft. Oft gehören sie nicht-assimilierten oder entfremdeten Familien an, die wirtschaftlich und kulturell zu den Verliererinnen der Globalisierung gehören.

Je grösser der Anteil der Verlierer und Verliererinnen der Globalisierung ist, desto rascher dürfte sich der Virus des Extremismus vermehren. Ob nun xenophober, rassistischer oder religiös-fanatischer Natur. Wir können dieser Entwicklung nur Einhalt gebieten, wenn es uns gelingt, der Globalisierung Zügel anzulegen und die Verlierer und Verliererinnen der Globalisierung in die Gesellschaft zu integrieren.

Die zunehmende Wichtigkeit von Kapitaleinnahmen im Vergleich zu den Lohneinkommen veränderte die gesellschaftlichen Strukturen nachhaltig. Neben den Kapitalbesitzenden sind nun die höheren Kader und die spezialisierten Experten und Expertinnen die Gewinnenden. Die Arbeiter- und Arbeiterinnenschaft verliert quantitativ und qualitativ an Bedeutung und die klassischen White Collar-Angestellten verlieren an Prestige und Kaufkraft. Die Anzahl Personen und Familien, die mit nur einem Einkommen auskommen können, nimmt rasch ab (2019 arbeiteten in Deutschland 3,5 Millionen Personen in mindestens zwei Anstellungen, Tendenz stark steigend) und die Anzahl Personen, die in die Armut abrutschen, nimmt zu.

Die Globalisierung schafft also Gewinnende und eindeutige Verlierer und Verliererinnen. Die wirtschaftliche Ausdifferenzierung schafft eine wachsende Ungleichheit auch innerhalb der Länder. Gleichzeitig verliert der Staat an Bedeutung: Er muss Souveränität abgeben, damit die Internationalisierung funktioniert. Die Verlierer und Verliererinnen der Globalisierung verlieren ihren Rückhalt beim Staat, dessen Rolle deshalb auch von dieser Seite verstärkt in Zweifel gezogen wird. Die Gewinnenden leben in einer internationalisierten Berufswelt, in multikulturellem Umfeld. Sie wohnen in der Agglo oder in städtischen Luxuswohnungen. Die Verlierer und Verliererinnen ziehen sich zurück und suchen Rückhalt im lokalen Werten und in der Tradition, die neu interpretiert wird. Diese Tendenz wird noch verstärkt durch die Personenfreizügigkeit und die Zunahme der Migration politischer Flüchtlinge und junger Menschen, welche bessere Lebensumstände suchen. In den USA ist es gang und gäbe, dass die Reichen ihre eigenen Schulen, private Spitäler und Dienstleistungen aufbauen, was sie von ihren Steuern abziehen können.

Mit der Zunahme von grossen Erbschaften in der Schweiz, unter anderem infolge steigender Immobilienpreise steigt der Bevölkerungsanteil, der allein vom Kapitaleinkommen lebt. Die Konsequenz ist eine Entsolidarisierung zwischen den Gesellschaftsschichten.

4 Die Herausforderungen für die Schweiz

4.1 Die Schweiz ist wirtschaftlich globalisiert

Die Schweiz ist wirtschaftlich eines der am stärksten globalisierten Länder der Welt. Sie gehört auch klar zu den Gewinnern der Öffnung der nationalen Volkswirtschaften und des liberalen Handels. Zusammen mit Dänemark und Singapur gehört die Schweiz zu den Kleinstaaten, welche die Opportunitäten der Globalisierung am besten genutzt haben. Die Gründe liegen in der geographischen Lage (im Zentrum von Europa und intakte Landschaften) und den schweizerischen Eigenarten wie hoher Bildungsstandard, günstige rechtliche Rahmenbedingungen (liberaler Arbeitsmarkt, Steuerwesen), soziale und politische Stabilität und aussenpolitische Ungebundenheit (Neutralität).

Zu den positiven Rahmenbedingungen für die Internationalisierung kann auch die Kleinräumigkeit und die enge Verbindung zwischen politischer und wirtschaftlicher Elite gezählt werden. Man kennt sich, wenn nicht bereits von der Ausbildung her, so sicher von der Armee. Die Schweizer Banken waren wichtig für den Bau der ersten Eisenbahnen, die Schweizerische Schokoladeindustrie konnte dank der Unterstützung der Banken ins Ausland expandieren und Blocher konnte dank seiner Verbindung zur Bankgesellschaft die Emserwerke praktisch ohne eigenes Kapital erwerben. Diese Zusammenarbeit von Banken und Wirtschaft im Inland unterschied in der Vergangenheit beispielsweise die Schweiz von Grossbritannien, dessen Banken eher auf das Empire und die Kolonien ausgerichtet waren.

Die engen Verbindungen zwischen den wirtschaftlich und politisch Verantwortlichen sowie die von Nazi-Deutschland drohende politische Gefahr brachte uns aber auch den Arbeitsfrieden von 1937, eine innenpolitische Leistung der Sonderklasse.

Globalisierung und Neoliberalismus sind verbunden mit Wachstum, materiellen Werten und technologischer Entwicklung. Unsere erfolgreichen Unternehmer sind ständig auf der Suche nach Optimierung, seien es Marktchancen, Steuervorteile oder günstige Produktionskosten. In den USA wurden die von diesen aufkommenden Strategien geprägten 80er Jahre als Jahrzehnt der Habgier (greed) bezeichnet. Inzwischen sind sie gängige Praxis, die inzwischen auch in der Schweiz heimisch wurde. Auch wenn ein Unternehmen wie Zyliss in der Schweiz und in Europa bestens positioniert ist, wird die Produktion in der Schweiz geschlossen und nach China verschoben, weil dort der Gewinn für die getätigte Investition höher ausfällt.

Bereits im 19. Jahrhundert gelang es schweizerischen Unternehmen, im internationalen Handel von Rohstoffen (Baumwolle, Seide, Getreide, Kaffee) Nischenpositionen in den Kolonien der Grossmächte zu nutzen und zu führenden Drehscheiben des internationalen Handels zu werden. Schweizerische Firmen (Volkart, DESKO, Burkhardt usw.) gehörten zu den Marktführerinnen in ihrem Gebiet. Die Verarbeitung von Textilien stellte gerade in der Ostschweiz eine erste exportorientierte Industrie dar.

Heute sind im «Arc Léman», im Tessin und im Raum Zug - Zürich um die 1200 mehrheitlich ausländisch kontrollierte Firmen im globalen Handel von Rohstoffen tätig. Diese internationale Verbundenheit intensivierte sich bis zum ersten Weltkrieg und neu wieder nach dem zweiten Weltkrieg. Die grosse Bedeutung des internationalen Rohstoffhandels, der über schweizerische Kontore läuft, beschäftigte den Staat indessen nicht, ja er ignorierte diese Entwicklung bis zum zweiten Weltkrieg.

Die Maschinen- und verarbeitende Industrie wurde allmählich zum Rückgrat des schweizerischen Wohlstandes. Der Tourismus und zahlreiche internationale Firmen und UNO-Organisationen, die ihren Sitz hier haben, machten die Schweiz zu einem internationalen Hub par excellence.

Heute wachsen vor allem Industriezweige mit einem hohen Forschungsanteil (Chemie) oder einer starken Spezialisierung (Uhrenindustrie, Medizinaltechnik) und der Tertiärbereich (Banken, Versicherungen, international tätige Handelsfirmen, Tourismus). Ihr Erfolg und ihre Verletzlichkeit sind eng mit der Globalisierung verbunden. Die erfolgreichen

Firmen exportieren zwar vor allem in die Nachbarländer, ihr Markt ist aber global. China ist inzwischen zum drittwichtigsten Handelspartner geworden. Verarbeitende Industrien verlagern die Produktion immer mehr in Billiglohnländer. Andere schaffen einen immer gewichtigeren Anteil des Umsatzes an dezentralisierten Standorten. In der Schweiz verbleiben in der Regel das Management und die strategische Führung.

Die Schweiz ist ein wahrer Globalisierungschampion!

Der Zunahme dieser wirtschaftlichen und gesellschaftlichen Internationalisierung - die Schweizer und Schweizerinnen gehören in Europa auch zu den absoluten Vielfliegern, Vielfliegerinnen – stehen die politische Zurückhaltung gegenüber internationalen Bindungen und der Ausbau nach innen gerichteter Institutionen gegenüber. Die Zunahme des Rohstoffhandels in der Schweiz seit den 90er Jahren beschäftigt eigentlich nur die Kantone. Der interkantonale Steuerwettbewerb hat zur Folge, dass sich das Lobbying dieser Firmen auf die steuergünstigen Standortkantone konzentriert.

Die Internationalisierung der Schweiz beschränkt sich allerdings auf die Wirtschaft.

Aussenpolitik und Aussenhandelspolitik blieben in der Schweiz bis Ende des letzten Jahrhunderts getrennt. Die Menschenrechte und das Völkerrecht lagen im Kompetenzbereich des Aussenministeriums. Daneben fungierte das Bundesamt für Wirtschaft (BAWI, später seco) gewissermassen als zweites Aussenministerium, das sich leisten konnte, Menschenrechte und Rechtsstaatlichkeit zu ignorieren. Politisch blieb die «immerwährende Neutralität» die Maxime. Mit der Entwicklungshilfe wurde Solidarität, mit der Unterstützung des IKRK humanitäre Hilfe und mit der Neutralität internationale Vermittlungtätigkeit als Spezialmenu des Aussenministeriums angeboten. Erst langsam entstand durch die die Betonung von Swissness die Lancierung einer bescheidenen Verbindung zwischen Aussenpolitik und Aussenwirtschaft.

Die schweizerische Neutralität war der Schutzmantel gegen dauernde internationale Bindungen. Das unglückliche Experiment mit dem Völkerbund in der Zwischenkriegszeit wurde stets als Argument gegen solche Verbindlichkeiten verwendet. Die Schweiz wurde Mitglied des Europarates, der allerdings keine verpflichtenden Beschlüsse fassen konnte, und trat den Spezialorganisationen der UNO bei. Hier überwog aber die Absicht, Genf als Europastandort der Vereinigten Nationen zu stärken, das Argument der Solidarität. Der Beitritt zu den Breton-Woods-Institutionen – als erstes zur International Development Agency - wurde innenpolitisch klar mit der Möglichkeit begründet, Aufträge für die schweizerische Industrie hereinzuholen. Der UNO-Beitritt wurde vom Stimmvolk noch 1986 mit 75% der Stimmenden abgelehnt. Erst im neuen Jahrtausend konnte sich der schweizerische Souverän zu einem Beitritt entscheiden.

Die Frage eines Beitritts zur EWG oder EU erreichte innenpolitisch nie das Niveau einer klaren Absichtsäusserung, auch wenn der Bundesrat sich zu einer diskreten Langfristerklärung durchringen konnte. Die Ablehnung des Beitritts zum Europäischen Wirtschaftsraum EWR zeigte noch einmal mit aller Deutlichkeit, wie das Schweizer Stimmvolk gegen internationale Verpflichtungen eingestellt war. Mit dem Hinweis auf die Gefahr der Einschränkung der Selbständigkeit konnte eine knappe Mehrheit mobilisiert werden. Das Thema eines EU-Beitritts, obwohl weder politisch noch wirtschaftlich mehrheitsfähig, wird auch heute noch innenpolitisch bewirtschaftet. Aktuell sind die bilateralen Verträge der Schweiz mit der EU gefährdet. Der beschworene Verlust von Eigenständigkeit ist immer noch das Hauptargument gegen diese Verträge.

4.2 Der Neoliberalismus und die Globalisierung

Die Internationalisierung schafft innenpolitischen Handlungsbedarf

Die Globalisierung betrifft nicht nur die Wirtschaftstätigkeit mit Handel und Finanztransaktionen, sondern auch andere grosse internationale Herausforderungen: Klimawandel, Armutsbekämpfung, Migration, Zugang zu natürlichen Ressourcen, Pandemien, Digitalisierung. Multilaterale Abmachungen sollen gemeinsamen Problemlösungen dienen.

Damit lässt sich die Trennung zwischen Aussenpolitik und Aussenwirtschaft nicht mehr aufrechterhalten. Die Welt ist kleiner geworden und von der OECD kommen Bestrebungen, welche die schweizerische Nischen- und Spezialitätenpolitik in Frage stellen. Noch im Jahr 2008 hatte Bundesrat Hans-Rudolf Merz breitspurig verkündet, dass sich das Ausland am Schweizer Bankgeheimnis die Zähne ausbeissen werde. Zehn Jahre später musste dieses begraben werden. Lediglich für die inländische Kundschaft bleibt es in Kraft. Schweizerische Steuerprivilegien für multinationale Unternehmen mussten auf Druck von aussen internationalen Standards angepasst werden. Als nächster Schritt werden international tätige Firmen dort Steuern bezahlen müssen, wo sie Mehrwert erarbeiten. Dieser Entscheid wird in den 20er Jahren kommen und dürfte den schweizerischen Fiskus stark belasten.

Die Globalisierung schuf aber auch aus einem anderen Grund eine neue wirtschaftspolitische Situation. Der Gegensatz Kapitalismus – Sozialismus, ein Grundthema während des Kalten Krieges, das auch die innenpolitischen Auseinandersetzungen beeinflusste, löste sich mit dem Zusammenbruch der Sowjetunion auf. Der Sieg des Kapitalismus erfolgte auf der ganzen Linie. In den USA führte diese Entwicklung zu grossen Einkommensunterschieden und Armut. Ein Prozent der Bevölkerung erhöhte seinen Anteil am Volkseinkommen ständig, was zur Entstehung eines grossen gesellschaftlichen Grabens zwischen Siegern, Siegerinnen und Verlierern, Verliererinnen der Globalisierung führte.

Das ist eine Entwicklung, die sich auch in der Schweiz - mit Verzögerung und gemildert durch den spezifisch schweizerischen politischen und wirtschaftlichen Kontext - manifestiert. Eine Reaktion darauf ist der - allerdings klägliche - Versuch der Politik, die «globalisierten» Managerlöhne zu deckeln, was beim internationalen Aktionariat der Schweizer Firmen gar keine Freude hervorrief.

Die Schweiz folgt den internationalen Strömungen

Unter dem Titel «soziale Marktwirtschaft» entstand nach dem zweiten Weltkrieg ein Kapitalismus mit dem internen Gegengewicht der Sozialdemokratie. Dieses Gegengewicht und die Angst vor dem Sozialismus führten zum Ausbau des Sozialstaates.

Seit den 80er Jahren erhielten die neoliberalen Argumente Oberhand. Kurzfristige Unternehmensgewinne und shareholder value wurden wichtiger als nachhaltige Produktion. Zusammen mit einer betont wirtschaftsliberalen Politik führte dies zu einem liberalen Kapitalismus. Steuerreduktionen, ein unternehmensfreundliches Klima und Sparmassnahmen beim Service Public und den Sozialausgaben standen im Zentrum des innenpolitischen Mainstreams.

Die hohe Abhängigkeit vom Markt der EU hat die Schweizer Wirtschaft längst zu Anpassungen von Normen und Vorgehensweisen gezwungen. Ohne Rahmenverträge werden wir bestenfalls Euronormen in autonomer Selbstverantwortung nachvollziehen. Beflissene Exportfirmen haben die Tendenz, Anpassungen in vorauseilendem Gehorsam anzuwenden. Die Globalisierung bringt uns dazu, dass wir Einschränkungen unserer Souveränität hinnehmen müssen.

Zur Bewältigung der globalen Herausforderungen sind multilaterale und internationale Regelungen notwendig. Daraus entsteht ein Druck, der unsere innenpolitischen Instrumente der direkten Demokratie, des Föderalismus und der Gemeindeautonomie auszuhebeln droht. Unsere Politkultur wird in Frage gestellt und wir leben immer mehr in einer Kontrollillusion, d.h. wir glauben, abstimmen zu können, obwohl der Sachverhalt aussenpolitisch bereits beschlossen wurde. Oder schlimmer: In der Abstimmung wird etwas beschlossen, das gar nicht umgesetzt werden kann.

Obwohl wir klare Gewinnerinnen und Gewinner der Globalisierung sind, droht dies unsere Politkultur ganz grundsätzlich zu gefährden. Rechtsunsicherheit, Vertrauensverlust in unsere demokratischen Instrumente und in die Institutionen sind die Folge. Das müsste eigentlich alarmieren! Denn es erfolgt eine Schwächung der politischen und gesellschaftlichen Werte.

Der Graben zwischen Reich und Arm vergrössert sich

Der Ausbau der Infrastruktur mit Strassen und Eisenbahn führte einerseits zum Anwachsen der Agglomerationen und zu gut erschlossenen Stadt-Dörfern. Deren Bewohner und Bewohnerinnen gehören dem Mittelstand an und sind als Spezialisten, Spezialistinnen Gewinner und Gewinnerinnen der Globalisierung.

Der Triumph des Kapitalismus schwächte andererseits die traditionellen Gegengewichte und vergrösserte den Graben zwischen Reich und Arm, zwischen Gewinnenden und Verliererenden der Globalisierung. Im Jahr 2020 werden 650'000 Schweizer und Schweizerinnen als arm eingestuft. Es sind alleinerziehende Mütter, Ehefrauen von Landwirten, gering qualifizierte Angestellte aber auch Senioren und Seniorinnen, welche das ganze Leben gearbeitet haben, aber mit AHV und Pension ihren Unterhalt nicht bestreiten können. Es sind jedoch nicht diese Armen, welche sich als Verlierende und Frustrierte gegen die Globalisierung wehren. Die innenpolitischen Streitgräben verlaufen heute nicht mehr zwischen Kapitalisten und Sozialisten, zwischen Deutsch und Welsch oder zwischen Katholiken und Protestanten. Ein wachsender Graben entsteht zwischen den Gewinnenden der Globalisierung und denen, die auf der Strecke bleiben.

Die Sieger und Siegerinnen wohnen in der Agglo, leben in einer Welt mit internationalem Austausch materieller Güter und Dienstleistungen. Sie bewegen sich in einem zunehmend multikulturellen Umfeld. Sie sind computeraffin, privat und beruflich. Sie arbeiten in Kader- und Spezialisten-, Spezialistinnenpositionen. Sie sind Manager und Managerinnen.

Die Zurückgebliebenen wohnen auf dem Land und arbeiten in traditionellen Berufen. Sie empfinden die zunehmende Globalisierung als Bedrohung: Dabei geht es ihnen nicht in erster Linie um Einkommen und Vermögen. Sie suchen nach Sicherheit von Werten und gesellschaftliche

Vertrautheit. Sie haben nur indirekt Anteil an den Vorteilen der globalisierten Welt. Zu allem Überfluss sehen sie wachsende Zahlen von Migranten und Migrantinnen, welche urbane Berufe und Anstellungsmöglichkeiten besetzen und so die soziale Mobilität der Bewohner und Bewohnerinnen von Randregionen erschweren. Die Verunsicherung dieser Bevölkerungsschicht bezieht sich nicht nur auf gesellschaftliche und kulturelle Werte, sondern auch auf ihr eigenes Sozialprestige. Verstärkt wird dieser Eindruck durch die Yuppies, die einem modernen Lebensstil frönen und die Landbevölkerung tendenziell als Landeier qualifizieren. Die so Zurückgebliebenen und die Angehörigen des besorgten Mittelstandes suchen Kompensation in traditionellen Werten und in der Folklore. Die Schwing-, Jodel- und Trachtenfeste erfreuen sich wachsender Beliebtheit.

Es gibt schöne, weissblau gestreifte Hemden mit eingewobenen Edelweissblumen. Traditionell trugen die Sennen und Älpler sie. Eine Bauersfrau beklagte sich im Gespräch, dass ihre Kinder in der Schule gemobbt werden, wenn sie solche Hemden tragen.

Gleichzeitig kaufte eine dem Autor bekannte Familie, welche keine landwirtschaftlichen Wurzeln hat und völlig städtisch wohnt, für die Kinder solche Edelweisshemden, bevor sie ein Schwingfest besuchten!

So entstand und entsteht in der Schweiz ein Spannungsfeld: Die Sieger und Siegerinnen der Globalisierung leben von den Vorteilen des schweizerischen Umfeldes und der Politkultur, tragen aber wenig bei, diese weiter zu entwickeln und zu erhalten. Auf der anderen Seite entwickeln die Verlierer und Verliererinnen der Globalisierung eine Verteidigungshaltung, die sich auf traditionellen oder neu interpretierten Werten gründet. Die Instrumente des liberalen Staates werden in Frage stellt, der Pluralismus als abträglich empfunden. Eigenverantwortung und Individualismus stellen die Gegenposition dar. Was staatlich ist, soll eingedämmt werden, wobei das Staatliche sich auch auf die Gemeinde und gemeinschaftliche Aufgaben bezieht.

Die Globalisierung ruft also Reaktionen wach, die durchaus identisch sind mit nationalkonservativen Bewegungen in den Nachbarländern. Es sind die Werte, welche auch Putin für das neue Russland stärken will, und die, welche der amerikanische Präsident der Politik des «America first» zugrunde legt.

Diese nationalkonservative Strömung manifestiert sich auch aussenpolitisch. Man wehrt sich gegen multilaterale Verpflichtungen und sucht den bilateralen Weg. Die eigene Stärke soll den Weg in die Zukunft weisen. Da haben Solidarität und Völkerrecht einen bescheidenen Platz. Die Aussenpolitik soll vor allem die eigenen, insbesondere wirtschaftlichen Interessen vertreten. Bundespräsident Maurer besuchte in seinem Präsidialjahr die Herren Trump, Putin, Xi Jingping und Salman in Saudi-Arabien und liess die EU aussen vor. Starke Männer, die Klartext sprechen und keine «faulen» Kompromisse eingehen, sind ein Markenzeichen in den Augen des nationalkonservativen Publikums. Sogar in der Schweiz wirken solche Personen auch innenpolitisch identitätsstiftend. Das Verhalten von Bundesrat Maurer soll beweisen, dass wir gehört werden und bilateralen Zugang zu den Mächtigen dieser Welt haben. Damit wird ein alternatives Modell in den Raum gestellt, das von den Verlierern und Verliererinnen der Globalisierung mit Freuden gefeiert wird. Die Absage des amerikanischen Präsidenten an ein Freihandelsabkommen mit der Schweiz bringt uns jedoch wieder näher zur Realität.

In der Schweiz sind wir daran, den amerikanischen Trends nicht nur wirtschaftlich, sondern auch politisch zu folgen. Die Kader von Unternehmen, die dank der Globalisierung international gewachsen sind und auch schweizerische «internationals», welche in transnationalen Firmen arbeiten, verdienen analog der US-Gepflogenheiten exorbitante Saläre und Boni. Sie haben ihren Wohnsitz in der Schweiz, sind aber weltweit aktiv und dank der Digitalisierung bei der Ausübung ihrer Tätigkeit standortunabhängig. Sie arbeiten für Schweizer Firmen, internationale Banken und Versicherungen aber auch Unternehmen der Chemie und Lebensmittelveredelung. Diese Firmen werden durchaus als schweizerisch betrachtet, obwohl ihr Besitz zu einem grossen Teil, wenn nicht gar mehrheitlich, in ausländischen Händen liegt und sie auch von einem ausländischen Management geleitet werden. Ein Firmensitz in der Schweiz ist wegen der günstigen Steuern, dem liberalen Arbeitsmarkt und anderen Standortvorteilen lukrativ.

Zu den Supergewinnerinnen der Globalisierung gehören auch die rund 1200 Firmen, welche mit Rohstoffen und Agrargütern handeln und ihren Sitz in der Schweiz haben, wobei ihre Wertschöpfung in der Schweiz gleich null ist. Sie profitieren aber von den günstigen Rahmenbedingungen, insbesondere den Steuererleichterungen, und von der Tatsache, dass der Staat nicht allzu genau hinschaut. Erstaunlich ist, dass diese Firmen in der Schweiz, dem Land der Vereine, Verbände und des Vernehmlassungsverfahrens, nicht einmal eine nationale Interessenvertretung haben. Sie konzentrieren sich auf die Kantonsebene, weil da die Steuern ausgehandelt werden.

Die Supergewinner und -gewinnerinnen sind also einerseits die Kader von internationalen und international tätigen Firmen, deren Löhne dem USA-Niveau angepasst wurden. Inzwischen haben jedoch die schweizerischen Firmen wie Post, SBB, Swisscom hier nachgezogen. Denn es gehe darum, auf dem Markt gleich lange Spiesse zu haben. Zur Hocheinkommensschicht gehören auch freie Berufe wie Ärzte, Ärztinnen, Juristen, Juristinnen und die Treuhand.

4.3 Die Schwächung des Vertrauens in den liberalen Staat.

Der liberale Staat erwies sich in der Vergangenheit als robust

Die geistige Basis und der Ursprung unserer globalisierten Welt liegen weit zurück, in der Aufklärung des 18. Jahrhunderts: Diese zivilisatorisch-intellektuelle Weltanschauung stammt aus den Debatten der Pariser Salons. Sie war Teil des rationalen Fortschrittsglaubens, der in Voltaire den wichtigsten Vertreter fand.

Ihm stand von Beginn weg eine rousseausche, romantische Vision gegenüber, welche der materiell globalisierten Sicht der Welt eine ganzheitliche Kultur der Menschen gegenüberstellte. Der Schwerpunkt dieser Weltanschauung lag weniger auf der intellektuellen Eloquenz, als auf der Bedeutung des Bürgers, sei er Bauer oder Händler.

Die Französische Revolution und die amerikanische Unabhängigkeitserklärung mit der Erklärung der Menschenrechte verhalfen den Grundwerten rationalen Fortschrittsglaubens in der westlich-atlantischen Welt im 19. Jahrhundert zum Durchbruch. Rationalismus und Materialismus blieben zwei Grundachsen dieses Denkens. Mit der UNO-Charta nach dem 2. Weltkrieg erhielten sie eine globale Bedeutung. Ihr Ausgangspunkt ist die Gleichheit der Menschen und ihr Ziel eine auf Handel und Entwicklung basierte Öffnung der nationalen Grenzen. Gleichheit bezog sich dabei auf die politischen Rechte, nicht aber auf wirtschaftliche und soziale Gerechtigkeit.

Es gab in der europäischen und schweizerischen Geschichte immer wieder Perioden, in denen das Vertrauen der Bürger und Bürgerinnen in die liberale Demokratie verloren ging und diese nach Alternativen Ausschau hielten. In der Schweiz wurde der erste Weltkrieg als Zeichen der Krise des Freisinns und einer Weltauffassung betrachtet, die freien Handel und materielle Entwicklung auf ihre Fahne geschrieben hatte. Der erste Weltkrieg wurde vielerorts auch als Zeichen des Niedergangs der liberalen Demokratie mit ihren Werten empfunden. Die Erfahrung der Katastrophe wurde zur Wiege neuer Ideen und einer neuen Sicht von der Entwicklung der Welt. Die Parole «nie wieder Krieg!» wurde vorerst von neuen dadaistischen, nihilistischen und anarchistischen Bewegungen verkündet. Auf die euphorischen 20-er Jahre folgte die grosse Wirtschaftskrise. Sie stärkte faschistische, nationalsozialistische und kommunistische Gruppierungen in ganz Europa. Solche wurden auch in der Schweiz vor allem von Jungen und Intellektuellen als Zeichen der nationalen Erneuerung gegründet. Traten die nationalistischen Kräfte vorerst nur marginal in Erscheinung, sprudelte nach 1933 der politische Alltag nur so von nationalen Erneuerungsbewegungen. Man sprach vom Frontenfrühling. Diese Erneuerungsbestrebungen schöpften ihre Argumente vor allem aus dem Fundus der katholischen Soziallehre, des italienischen Faschismus, des deutschen Nationalsozialismus und der alteidgenössischen Geschichte mit Föderalismus, Tagsatzung und der Rolle der Stände (der Kantone). Am radikalsten argumentierte der Freiburger Aristokrat Gonzague de Reynold: Er plädierte für eine Rückkehr zur alten Eidgenossenschaft.

Allen war der Ruf nach Erneuerung und die Überwindung des liberalen Staates ein Kernanliegen.

Geläutert durch den Arbeitsfrieden von 1937 entstand als Reaktion auf die wachsende Bedrohung durch den Nationalsozialismus und die reaktionären Tendenzen im Inland das Gerüst für die Geistige Landesverteidigung. Dieses Konzept appellierte an eine Besinnung auf die eidgenössischen Werte, die liberale Ordnung von 1848 und die Verständigung zwischen Arbeitgebern und -nehmenden. Überhöht wurde sie mit der mythologischen Betonung der Alpen und des Gotthard als Mittelpunkt Europas; oder, etwas frei interpretiert: Die Berge als der Ort, wo die wichtigsten Flüsse Europas entspringen - Rhein, Rhone, Tessin und Inn- der auch gleich als Quelle der Donau interpretiert wurde - und symbolisch ein Kreuz darstellte. Das Anliegen der geistigen Landesverteidigung ergänzte das National-Mythologische mit liberalen und demokratischen Elementen und rückte dadurch von der sehr konservativ-katholischen Sicht von Bundesrat Etter ab. (Auch wenn die neueste schweizerische Geschichtsschreibung dies nicht so sehen will).

Die Gefahr des Nationalsozialismus führte die Schweiz auf eine demokratische, typisch schweizerische Plattform zurück und brachte den ideologischen Kitt des Landes für die folgenden Jahrzehnte. Das Thema Geistige Landesverteidigung begleitete die Kriegsgeneration noch bis Ende des Jahrhunderts als solides Bollwerk im Kalten Krieg.

Allerdings lassen sich die 30er Jahre des 20. Jahrhunderts kaum mit der heutigen Situation vergleichen. Geopolitisch ähnelt die aktuelle Situation eher dem Europa im letzten Drittel des 19. Jahrhunderts: Es war die Periode, während der sich die imperialen Mächte Grossbritannien, Frankreich, Russland und mit den Philippinen vorübergehend die USA die Welt aufteilten. Es war auch die Zeit, wo schweizerische Handelsfirmen Nischen in den Kolonien entdeckten und international eine bedeutende Rolle zu spielen begannen. Schweizerisches Unternehmertum konnte im Spiel der Mächte geschickt einen Nischenpolitik betreiben. Heute haben sich die Rahmenbedingungen geändert: Die Schweiz ist von der Grösse und der politischen Durchschlagskraft nach wie vor ein Kleinstaat. Wirtschaftlich ist sie jedoch ein mittelgrosser Staat. Trotz aufkommendem Neonationalismus und der Sympathie gewisser Kreise für eine « Switzerland First» Haltung braucht die Schweiz eine minimale internationale Gouvernanz, um ihre Interessen zu wahren. Eine Nischenpolitik, wie kreative Unternehmer im 19. Jahrhundert sie betrieben, ist heute ohne Einbusse von materiellem Wohlstand kaum mehr möglich.

Eigenverantwortung versus Solidarität

Im 21. Jahrhundert ist die Schwächung des pluralistischen, liberalen Staates ein verbreitetes Diskussionsthema. Nationalkonservative Kreise suchen eine Abgrenzung gegen aussen und eine Betonung des Bilateralismus. Die Neoliberalen wollen sicherstellen, dass der Staat weiterhin eine möglichst freie Wirtschaftsentwicklung garantiert. Beiden Tendenzen eigen ist der Ruf nach Selbstverantwortung. Die Solidarität als ein Bemühen, schwache Elemente der Gesellschaft und benachteiligte Regionen zu stärken, hat kaum Platz in diesem Konzept. Öffentliche Dienstleistungen werden zunehmend reduziert, oder im Namen von Eigenverantwortung privatisiert. Dies betrifft Radio und Fernsehen, die Gesundheitsversorgung, das Erziehungswesen, die Wasser- und Stromversorgung. Das vom Bundesstaat, den Kantonen oder Gemeinden gemeinschaftlich Organisierte wird verkürzt als «verstaatlicht» oder gar «sozialistisch» abgetan. Zielpublikum dieser Politik ist die wachsende Zahl von Bürgern und Bürgerinnen, die durch die rasante technologische Entwicklung und die Internationalisierung aller Lebensbereiche verunsichert sind. Sie suchen Stabilität und Sicherheit der Werte.

Ähnliche Bedürfnisse manifestieren sich in islamischen Gesellschaften, aber auch in evangelikalen Kreisen in den USA. Die Infragestellung der

Instrumente des demokratischen Staates ist in den USA wie in Bolsonaros Brasilien oder im Russland Putins System. In der Schweiz werden vergleichbare Tendenzen verzögert deutlich, wobei sie durch die föderale Struktur des Landes und die demokratische Tradition abgeschwächt werden. Andererseits zeigt die Übernahme amerikanischer Tendenzen wie «America First» und die Betonung der Einmaligkeit von schweizerischen Besonderheiten, aber auch die zunehmende Verbreitung von «alternativen Wahrheiten», dass die nationalkonservativen Kräfte in der Schweiz global lernen.

Es entsteht der Eindruck, dass das Gemeinsame und Verbindende hinter der Betonung von Eigeninteressen verschwinden. Die Gräben zwischen Arm und Reich, zwischen Alt und Jung, zwischen Agglomeration und Hinterland und zwischen globalisierter und Binnenwirtschaft erhalten immer mehr politische und mediale Aufmerksamkeit. Sie drängen die herkömmlichen Streitfelder zwischen Arbeitgebenden und -nehmenden, zwischen Sprachregionen, zwischen den Konfessionen in den Hintergrund.

Es besteht auch in der Schweiz eine Tendenz zur Schwächung der traditionellen Parteien zugunsten von einzelnen politisch Verantwortlichen, welche klare, kurzfristige und radikale Lösungen propagieren. Die beschriebene Verunsicherung der Bevölkerung und die wachsenden wirtschaftlichen und politischen Gräben schüren auch in der Schweiz die Instabilität und wappnen uns schlecht für die globalen Herausforderungen des 21. Jahrhunderts und das zukünftige Wohlergehen der Bewohner und Bewohnerinnen.

Die Unzufriedenen in der Schweiz sind auf den ersten Blick die Wutbürger und -bürgerinnen, welche die sozialen Medien geschickt zu nutzen wissen. Es sind die Leserbriefschreiber und -schreiberinnen, welche von ihren Parteizentralen regelmässig mit Vorlagen und Material aufmunitioniert werden. Schwerwiegender, weil weniger durchschaubar, ist der Angriff auf den Service Public. Der Staat soll in den Bereichen Bildung und Gesundheitswesen sparen. Im Hinblick auf den interkantonalen und internationalen Steuerwettbewerb sollen die Steuern reduziert werden. Anstelle von multilateralen Abmachungen zählt man lieber auf den bilateralen Weg. Der Aufbau der eigenen Stärke und Eigenverantwortung ist wichtiger als Solidarität.

Auf der anderen Seite steht eine Zunahme von privaten Schulen. Das Netz privater Spitäler mit hoch qualifizierten Dienstleistungen wächst bedenklich. So bauen sich die Wohlhabenden, die Gewinner und Gewinnerinnen der Globalisierung, ihre eigene private Welt auf, die sich der Normalbürger, die Normalbürgerin gar nicht leisten kann. Wir erleben heute eine Entwicklung, welche sich in den Vereinigten Staaten bereits fest etabliert hat. Das politische Credo von Eigenverantwortung, privater Initiative und behaupteter Chancengleichheit schuf auch in der Schweiz bereits tiefe Gräben und findet bedenklich schnelle Verbreitung.

Das 21. Jahrhundert begann als Jahrhundert des Wohlstandes. Noch nie lebten so viele Bürger und Bürgerinnen der Schweiz in Wohlstand. Die Versorgung der Konsumenten und Konsumentinnen mit materiellen Gütern kennt keine Grenzen. Sogenannt weiche Werte wie Solidarität, Ausgleich, Verständigung und gemeinsame Interessen, werden durch kurzfristige Interessen, strapazierten Individualismus und das Bedürfnis nach materiellen Gütern verschüttet. Umso mehr stellt sich die Frage nach den Kräften, die unsere Energien bündeln können, so dass wir den Anforderungen des 21. Jahrhunderts gewachsen sein werden.

Das Gewicht der globalen Herausforderungen und die wachsenden wirtschaftlichen Unterschiede rufen für das 21. Jahrhundert nach einem auf Nachhaltigkeit und gesellschaftliche Verantwortung getrimmten Kapitalismus.

4.4   Migration und die Furcht vor dem Fremden

Die Migration gehört seit dem Mittelalter zur Geschichte der Schweiz. Die Schweiz selber war seit dem ausgehenden 15. Jahrhundert ein Auswanderungsland. Schweizerische Söldner waren bis in die Neuzeit das erfolgreichste Exportprodukt. Und ausgediente Söldner wurden in den Nachbarländern zu zuverlässigen Wächtern und Kirchendienern. Nach der amerikanischen Unabhängigkeit wurden die schweizerischen Söldner in Kanada entlassen und liessen sich dort nieder.

In der Schweiz wurden religiöse Minderheiten wie die Täufer von der Obrigkeit nach den amerikanischen Kolonien verfrachtet und im 19. Jahrhundert waren die Vereinigten Staaten generell das beliebteste schweizerische Migrationsziel. Erst im letzten Drittel des 19. Jahrhunderts überstieg die Zahl der Immigrierenden diejenige der Auswandernden. Die Migration blieb jedoch in Krisenzeiten ein beliebtes Instrument der Kantonsregierungen, um Arme und Randständige ins Ausland abzuschieben. Der letzte derartige Schub erfolgt während der Wirtschaftskrise in den 30er Jahren des letzten Jahrhunderts.

Im 19. Jahrhundert bescherte uns die Immigration liberale Politiker und anschliessend industrielle Pioniere, welche als Flüchtlinge in die Schweiz kamen. Heute sind die Erfolge der schweizerischen Sportclubs ohne Secondos nicht denkbar. Nach dem 2. Weltkrieg holte die Schweiz Fremdarbeiter aus den Nachbarländern. Diese spielten eine wichtige Rolle beim Aufschwung unserer Wirtschaft. Herr und Frau Schweizer ärgerten sich zuerst über die jungen Italiener, dann über die Tamilen, schliesslich über die Nordafrikaner und zuletzt über die Eritreer, welche untätig an den Bahnhöfen anzutreffen waren.

Die (Im-)Migration erhielt für die Schweiz mit den Balkankriegen und dem Bürgerkrieg in Syrien eine neue Dimension. Der Anteil der Migranten und Migrantinnen islamischer Glaubensrichtung nahm zu. Und damit auch der Anteil von Menschen mit anderem, ungewohntem Sozialverhalten und teilweise kulturellen Werten, die mit den schweizerischen Traditionen im Widerspruch stehen. Dass Bürger und Bürgerinnen sich ärgern, wenn ein junger Muslim einer Lehrerin den Handschlag verweigert oder in Moscheen westliche Werte in Hasspredigten verunglimpft werden, darf nicht einfach als Fremdenfeindlichkeit abgetan werden. Solche Reaktionen besorgter Bürger und Bürgerinnen müssen ernst genommen werden.

Zu einer Migrationspolitik gehört unbedingt eine überzeugende Integrationspolitik, die gerade von islamkritischen Politikern und Politikerinnen im Namen der «Eigenverantwortung» geschwächt wird. Natürlich kann man das Burkatragen in der Verfassung verbieten. Allerdings zeigt die Erfahrung, dass Touristen und Touristinnen sich problemlos anpassen, wenn man mit ihnen spricht. Und für die paar jungen Schweizerinnen und Schweizer, die im Islam einen neuen Lebensinhalt suchen, lohnt sich ein neugeschaffener Verfassungsartikel kaum.

Migration ist heute eine Selbstverständlichkeit. 2019 standen in der Schweiz netto 30'000 Einwandernden brutto 30'000 Auswandernde gegenüber. Wir müssen diese Zweigleisigkeit fördern. Eine intensive Ausbildung und Sprachförderung sind wichtige Elemente einer erfolgreichen Integrationspolitik. Dabei wird nicht nur die Mitwirkung der Migrierten an der schweizerischen Gesellschaft erhöht, sondern auch ihre berufliche Qualifikation und damit allenfalls ihre Remigration ins Ursprungsland gefördert.

Der Umgang mit Migrantinnen und Migranten gerade aus strukturschwachen Ländern muss gut bedacht werden. Ihre Integration in die hiesige Gesellschaft ist ein wichtiger Faktor. Aus entwicklungspolitischer Sicht sollte das Ziel aber sein, in den Herkunftsländern Rahmenbedingungen zu fördern, welche der Jugend im eigenen Land Zukunftsaussichten verschaffen. Je mehr Junge auswandern, desto grösser wird trotz den remittances die Armut im Herkunftsland. Denn es sind die Dynamischen und Unternehmenslustigen, die dem Land verloren gehen. Die Migration eines Menschen nach Europa und in die Schweiz bedeutet für das Ursprungsland in der Regel einen bleibenden Verlust.

5 Wie kann die Schweiz sich positionieren?

5.1 Was für eine Schweiz wollen wir?

Die DNA des schweizerischen Staatswesens

Braucht eine globalisierte Welt überhaupt ein Land wie die Schweiz? O-der besser gesagt: Wollen wir, will die nächste Generation eine Schweiz mit ihrer politischen Kultur, welche Interesse und Engagement der Bürger und Bürgerinnen voraussetzt, erhalten und weiterentwickeln?

Die Schweiz in ihrer bisherigen Form brachte uns Frieden und Wohlstand. Wenn es uns gelingt, diesen Wohlstand aufrechtzuerhalten, auch in Zukunft für Ruhe und Ordnung zu sorgen und ein friedliches Leben zu garantieren, kann die Antwort nur bejahend sein.

Man kann zwar die These vertreten, die Schweiz brauche eigentlich nur eine florierende Wirtschaft. Die demokratische Kontrolle, das zeitraubende Vernehmlassungsverfahren und die vielen Rekursmöglichkeiten seien lästige Bremsen für den notwendigen Fortschritt. Der Erfolg der Länder mit einem politischen Kapitalismus scheinen dies zu bestätigen. Aber: Können wir ohne demokratische Kontrolle und Rechtsstaatlichkeit nachhaltig erfolgreich sein?

Die Antwort lautet, dass unser Wohlstand und die florierende Wirtschaft gerade dank der politischen Kultur und Struktur und dank unserer Vielfältigkeit möglich geworden sind. A la carte Lösungen sind nicht zu haben. Wir müssen das Gesamtmenu akzeptieren.

Welches aber sind die Bestandteile dieses Menus, die Werte und Regelungsmechanismen, die uns erhaltenswert erscheinen?

Dazu gehören sicher die geographischen, historischen und kulturellen Faktoren, die der Schweiz gewissermassen in die Wiege gelegt wurden:

- Die **sprachliche Vielfalt**. Braucht es dazu die Kantone? Ja, weil die bisherigen Sprachgrenzen nicht mit den Kantonsgrenzen zusammenfallen. Oder Nein, man kann sich in Zukunft einfach grosse Sprachregionen vorstellen. Würden sie unserem Bedürfnis nach Heimat und Zuhausesein genügen? Ganz sicher ist eine Eigenständigkeit der Sprachregionen eine Notwendigkeit, gewissermassen eine politische Überlebensbedingung.

- Die **Gemeindeautonomie**. Sie ist in den Kantonen unterschiedlich geregelt, aber sie gehört zur schweizerischen DNA. Lokale Probleme sollen lokal gelöst werden und die Bürger, Bürgerinnen resp. Einwohner, Einwohnerinnen sollen dabei eine wichtige Rolle spielen.

- Das **Prinzip der Subsidiarität** in Form des an die Existenz der Kantone gebundenen Föderalismus. Die Aufgaben sollen möglichst auf tiefer Stufe gelöst werden und überregional oder zentralistisch nur, falls notwendig.

- **Solidarität**. Sie war immer ein zentrales Element der alpinen Kultur und wurde während der Romantik sogar mythisch überhöht. Sie ist auch heute ein wichtiger Baustein unseres Staatswesens. Der interkantonale und innerkantonale Finanzausgleich ist ein wichtiger Bestandteil unserer Politkultur.

Dies sind Grundpfeiler der urschweizerischen Politkultur. Sie werden, wenn auch mit Ächzen und Maulen, von allen politischen Strömungen akzeptiert.

Das Zusammenleben der Bewohner und Bewohnerinnen der Schweiz ist aber auch bedingt durch die Erfahrung und die Umsetzung von Gedanken und Werten der Aufklärung: Die Menschenrechte (Gleichheit, der Respekt der Minoritäten, Rechtsstaatlichkeit, Pluralismus.) sind Grundwerte der modernen Schweiz. Sie sind in der Verfassung des Bundesstaates von 1848 verankert und wurden fortwährend ergänzt. Sie sind in der heutigen Schweiz unbestritten. Aber eine nicht zu vernachlässigende Minderheit will diese Prinzipien nur mit Vorbehalten anwenden. Diese Rechte sind heute ein Feld der politischen Auseinandersetzung.

> *Rechtsnationale bezeichnen sich als Eidgenossen und Eidgenossinnen. Sie wollen sich unterscheiden von den Schweizern und Schweizerinnen, die einwanderten und später das Schweizerbürgerrecht erhielten, aber eben keine Einheimischen im alteidgenössischen Sinn sind. Inwiefern die «wahren Schweizer» dies sind, bleibe dahingestellt.*

Weiter wird die Schweiz durch ihre humanitäre Tradition und das Völkerrecht charakterisiert. Beides entsprang der calvinistischen Welt Genfs und in beiden Bereichen spielte die Schweiz international eine Vorreiterrolle. Wenn die Sprachenvielfalt, die Gemeindeautonomie und der Föderalismus die nach innen gerichtete Gesichtshälfte des Januskopfes sind, zeigt die humanitäre Tradition mit Einbezug des Völkerrechts das nach Aussen gerichtete Gesicht. Dabei handelt es sich um Werte, welche nicht immer in klar verbindliche Rechtssätze gefasst werden können. Diese Gesichtshälfte prägt unser Image in der Welt ebenso wie das nach innen gewandte.

Das Völkerrecht und die humanitäre Tradition mit ihrem Solidaritätsgedanken sind heute ein politisches Schlachtfeld. Von Solidarität zu sprechen ist in gewissen Kreisen geradezu verpönt und auch die Bereitschaft, sich dem internationalen Völkerrecht zu unterstellen, wird heute teilweise in Frage gestellt. Als Depositarstaat der Genfer Konventionen - dem Kern des internationalen Völkerrechts - und als Standort des IKRK besitzt die Schweiz ein essentielles Alleinstellungsmerkmal. Hier geht es um ihre internationale Glaubwürdigkeit und auch in gewisser Weise um die Rechtfertigung ihres Status als Sonderfall. Nur die praktizierte internationale Solidarität und die Verteidigung des Völkerrechts verhindern, dass unsere Neutralität von aussen als blosses Trittbrettfahren betrachtet wird.

Die heiklen Themen

Wir müssen alles daransetzen, dass wir unsere Identität mit unserer kulturellen Vielfalt und unseren politischen Werten auch in der Welt von Morgen verteidigen können. Gleichzeitig müssen wir uns überlegen, wo die neuen Herausforderungen allenfalls Anpassungen verlangen, damit wir die Grundideen behalten oder gar verstärken können.

Welches sind die kritischen Felder?

-   Die **Globalisierung** schafft die Notwendigkeit, immer mehr Tätigkeitsbereiche international zu regeln. Das bedeutet eine Einschränkung unserer Souveränität und unserer **Volksrechte**. Unsere politische Kultur der Demokratie, der Gemeindeautonomie sowie unsere konsensorientierten Lösungsmodelle sind in Frage gestellt.

-   Unsere Demokratie darf sich nicht auf rein politische Instrumente beschränken. **Wir brauchen auch einen sozialen und wirtschaftlichen Ausgleich.** Die Unterschiede zwischen Arm und Reich dürfen nicht zu gross werden. Damit sind die Sozialpolitik und unser Wirtschaftssystem angesprochen.

-   Die Globalisierung verlangt eine **aktive Aussenpolitik.** Hier geht es um die Themen Neutralität, Eigenständigkeit und Aspekte der globalen Gouvernanz. Eine gute internationale Vernetzung und eine Zusammenarbeit mit multilateralen Organisationen sind Erfordernisse.

Wie können wir als Kleinstaat diese kritischen Felder in einer zukünftigen globalisierten Welt bearbeiten? Welches ist unser Spielraum? Wir sind wirtschaftlich und technologisch ein aktiver Spieler, ja sogar ein Treiber der Globalisierung. Wir versuchen, uns in die wirtschaftlich stärksten Staaten einzureihen. Gleichzeitig sind wir aber auch ein

Zwerg, der Mühe hat, seine wirtschaftlichen Interessen politisch abzusichern.

Daraus ergeben sich drei Grundfragen:

- Wie können wir das Spannungsverhältnis zwischen Globalisierung und direkter Demokratie lösen?

- Wie können wir die wachsende Ungleichheit ausgleichen? Welche Art von Kapitalismus wollen wir?

- Wie verhält sich die Notwendigkeit der multilateralen Problemlösung zum Status der Neutralität?

Ein Loblied auf die Kleinräumigkeit

Wir sind nicht nur ein kleines Land mit einer grossen Bevölkerungsdichte, wir sind auch geprägt durch Kleinräumigkeit. Auf engem Raum weisen wir eine grosse Vielfalt auf. Sie hat uns zu kleinbürgerlichen Klugscheissern und Klugscheisserinnen gemacht. Wir sind sicherheitsbesessen und schauen einander gegenseitig auf die Finger.

Die Kleinräumigkeit gibt uns aber auch Halt und Sicherheit. Wir tragen im persönlichen Umgang Sorge für Umwelt und wir sind uns gewohnt, lokale Probleme lokal zu lösen. Das kleinräumig Lokale macht uns auch ausgesprochen traditionsbewusst. Der Schweizer, die Schweizerin ist zwar global vernetzt, aber auch lokal verwurzelt. Das ist eigentlich eine optimale Ausgangslage für die Abwehr von Globalisierungsexzessen. Es macht die Schweiz krisenresistent und verhindert einen zu raschen Wandel. Die Herausforderung ist nun aber, das Lokale, Bodenständige mit dem Globalen zu verbinden. Die transformatorischen Prozesse, welche sich in den kommenden Jahren intensivieren werden, fordern vom Schweizer, von der Schweizerin nicht nur eine solide Verwurzelung, sondern auch ein Bewusstsein für globale Zusammenhänge.

Die Politik, insbesondere die Aussenpolitik mit ihrem Instrument der internationalen Zusammenarbeit, muss dieser Tatsache Rechnung tragen und den Bürger, die Bürgerin aktiv an diesen Prozessen teilnehmen lassen.

Kleinräumigkeit und hohe Eigenverantwortung schaffen einen Pragmatismus. Dabei gilt es, gegen aussen den goldenen Mittelweg finden zwischen Solidarität und zeitnahen Eigeninteressen. Und es muss uns bewusst sein, dass das Schweizer Modell kein Exportprodukt ist. Swissness eignet sich kaum zum «scaling-up». Das Schweizer Modell ist historisch gewachsen und lebt von unseren geographischen und kulturellen Gegebenheiten. Wobei es durchaus zu unseren langfristigen Eigeninteressen gehört, dass Prinzipien, von denen wir selber zehren, möglichst breit international verankert werden: Dezentrale, eigenverantwortliche Strukturen, Respekt der Minderheiten, Subsidiarität und demokratische Kontrolle. Dies sind Werte, welche sich in der internationalen Diskussion hinter Ausdrücken wie Rechtsstaatlichkeit und gute Regierungsform verstecken. Was dies konkret heisst, muss in jedem Staat und jeder Gesellschaft gesondert analysiert werden.

5.2 Der prioritäre Handlungsbedarf

Die Globalisierung schränkt die direkte Demokratie ein

Ob wir aktiv am politischen Geschehen dieser Welt teilnehmen wollen oder nicht: Die Globalisierung erfordert immer mehr, dass Strategien, aber auch konkrete Vorgehensweisen mit anderen Staaten gemeinsam definiert werden. Dies schränkt unsere Souveränität ein. Feste Grössen unseres politischen Lebens werden mindestens indirekt in Frage gestellt. Betroffen davon sind eben nicht nur die demokratischen Rechte, sondern auch der Föderalismus und die Gemeindeautonomie. Zwei Bedingungen müssen aber in unserer Zusammenarbeit mit anderen Staaten gewahrt bleiben: Durch aktive Teilnahme am internationalen Geschehen müssen wir eine minimale Sonderbehandlung einfordern, damit unsere politische Identität und unsere Instrumente ihre Glaubwürdigkeit behalten können.

Es ist schwer vorstellbar, dass wir - selbst bei grösstem internationalem Verständnis für den «Sonderfall Schweiz» mit ihrer Referendumsdemokratie - die langwierigen Vernehmlassungsverfahren und das Initiativrecht in seiner jetzigen Form behalten können. Deshalb müssen wir Schweiz intern gewisse Prozedere vereinfachen. Wir müssen effizienter werden. Wir müssen prüfen, welche Entscheidungsmechanismen vereinfacht werden können. Gelingt uns dies nicht, werden wir ständig von der internationalen Politik überrollt. Dadurch werden unsere demokratischen Rechte ausgehöhlt und verlieren ihre Glaubwürdigkeit. Die Bürger und Bürgerinnen laufen mit ihren demokratischen Kompetenzen ins Leere.

Unser politisches System ist entstanden, um interne, schweizerische Probleme zu lösen. Unsere Instrumente der Demokratie sind innenpolitisch gewachsen. Jetzt müssen wir fit werden für ein internationales Umfeld, das immer mehr Gesetze und Massnahmen vorgibt.

Wir brauchen deshalb eine aktive und informierte Bürger- und Bürgerinnenschaft, welche globale Zusammenhänge versteht, bei der Verteidigung resp. Weiterentwicklung unserer Demokratie mitarbeiten kann und gleichzeitig weltkompatibel ist. Die Aussenpolitik kann nicht das Privileg der Bürokratie und des Bundesrates bleiben. Das Parlament und nachgeordnete Körperschaften müssen beteiligt werden. Auch die Zivilgesellschaft mit ihren Universitätsinstituten, NGOs und Interessengruppen muss eine wichtige Rolle spielen. Sie müssen mobilisiert und ihre Effizienz muss gesteigert werden. Wir müssen uns aber auch dafür einsetzen, dass die internationale Gouvernanz Prinzipien wie Föderalismus, Rechtsstaatlichkeit und Subsidiarität berücksichtigt.

Die aussenpolitischen Kompetenzen müssen neu verteilt werden. Die Verwaltung muss ihre Informationskultur intensivieren. Wenn dies nicht geschieht, wächst ihre und die Macht des Zentralstaats zulasten der nachgeordneten Institutionen.

Massnahmen:

- Eine effiziente Informationspolitik der Verwaltung ist unabdingbar. Sie muss bei allen anstehenden Geschäften bereits in einer

Frühphase die Interdependenz zwischen internationalen Initiativen und innenpolitischen Prozessen aufzeigen.

- Wir müssen das Referendum und die Verfassungsinitiative inhaltlich verwesentlichen. Beides ist in den letzten Jahren zu einem blossen Wahlkampfinstrument verkommen. Eine Erhöhung der Unterschriftzahlen dürfte zudem unumgänglich sein.

- Die Vernehmlassungsperioden müssen verkürzt und die Anzahl Institutionen, welche zur Vernehmlassung eingeladen sind, drastisch reduziert werden. Gleichzeitig soll aber auch die Meinungsäusserung Aussenstehender Beachtung finden.

- Schweizerische Universitätsinstitute, Think Tanks, Interessengruppen und NGOs, welche internationale Entwicklungen analysieren und fachliche Empfehlungen machen können, müssen Verstärkung erhalten.

- Es sollten Berater-, Beraterinnengruppen aus unabhängigen Persönlichkeiten geschaffen werden.

- Die interkantonale Direktorenkonferenzen sollten als Bindeglieder zwischen Bund und Kantonen- zwischen zentralistischem Zwang und föderaler Notwendigkeit- gestärkt werden.

Die Reduktion der sozialen Ungleichheit und die Stärkung des Service public

Zusammenfassend sei hier noch einmal folgendes erwähnt:

Die Erfahrung der Krise der 30er Jahre und des zweiten Weltkrieges schuf in der Schweiz mit dem Arbeitsfrieden von 1937 und der Beteiligung der Sozialdemokratie an der Regierung eine innenpolitische Konkordanz. Das wirtschaftliche Wachstum erlaubte es in der Folge, den

Sozialstaat auszubauen. Vom Wachstum und vom Wohlergehen profitierte die ganze Gesellschaft.

Mit dem Aufkommen des Neoliberalismus in den 80er Jahren, der technologischen Entwicklung sowie dem Untergang der Sowjetunion veränderte sich dann die innenpolitische Situation. Der Sozialstaat wurde als zu teuer betrachtet. Der soziale Ausgleich als politisches Anliegen trat in den Hintergrund. Mit der Ablehnung des Beitritts zum EWR wurde die Konkurrenzfähigkeit der Industrie zur Hauptsorge der Schweiz in ihrem europäischen Alleingang. Die Gegner und Gegnerinnen einer Annäherung an Europa machten diesen Alleingang der Schweiz zum prominenten innenpolitischen Thema für die kommenden Jahrzehnte.

Der Zusammenbruch der Sowjetunion wurde als Sieg des Kapitalismus unter der Schutzmacht der USA gefeiert, was uns einen liberalen Kapitalismus mit wachsenden Einkommensunterschieden bescherte. Auch die untersten Schichten profitierten vom Wachstum, allerdings nicht in dem Masse wie die Wohlhabenden.

Die Beschleunigung von Globalisierung und Informatisierung verschärften diesen Trend. Die Arbeitsplätze in der Industrieproduktion nahmen ab und verlangten neu nicht nur technisches, sondern auch technologisches Know-how. In den Chefetagen nahmen immer mehr MBAs Platz. Die kurzfristige Rendite und der Shareholder-value wurden wichtiger als die nachhaltige Produktion. Im Dienstleistungsbereich entstanden neue, wenig qualifizierte und schlecht bezahlte Arbeitsplätze. Der Graben zwischen den Reichen und den breiten Schichten nahm zu.

Für 2019 meldet das Statistische Amt 650'000 Personen, welche in der Schweiz in Armut leben. Eine grosse Anzahl Personen, welche nicht als arm bezeichnet werden können, erleben die Globalisierung trotzdem als Verlierer, Verliererinnen: Ihr Sozialstatus hat sich verschlechtert und sie sehen die eigene Werte und Tradition in Gefahr.

Daneben gibt es eine Schicht von Supergewinnern und -gewinnerinnen der Globalisierung, welche immer weniger von öffentlichen Dienstleistungen abhängig ist. Sie schaffen sich durch private Schulen, Spitäler und einen «service privé» eine eigene Welt. Der wachsende Graben zwischen ihnen und dem Rest der Welt, der die Innenpolitik der USA zunehmend bestimmt, macht sich auch in der Schweiz bemerkbar.

Wir haben zwar noch nicht Zustände wie in den USA zu beklagen, aber unser System lebt von Gleichbehandlung der Bürger und Bürgerinnen und ihrer Möglichkeit, horizontal zu kommunizieren. Die Gefahr besteht nun, dass wir auf eine Zukunft zusteuern, in der die Einkommens- und Wohlstandunterschiede immer grösser werden und in welcher der liberale Kapitalismus kaum noch gesellschaftliche Gegengewichte vorfindet. Eine solche Entwicklung schwächt nicht nur die demokratischen Kontrollmechanismen. Sie erhöht die Gefahr eines politischen Kapitalismus oder, wie deutsche Kommentatoren schreiben, eines Kommando-Kapitalismus, wie er sich unter der gegenwärtigen Präsidentschaft in den USA entwickelt. So betrug 1965 das Lohnesverhältnis zwischen einem Unternehmensleiter und einfachen Angestellten in den USA 20:1, 1989 59:1, 2016 271: 1. In der Schweiz betrug das Verhältnis zwischen den Löhnen der Spitzenmanager und -managerinnen und einfachen Angestelltem 2018 273:1 (UBS). Und sogar bei einem rein schweizerischen Unternehmen bestand ein Verhältnis von 35:1 (Swisscom).

Wir erleben auch in der Schweiz eine Situation mit rasch wachsenden Einkommensunterschieden und nähern uns dabei amerikanischen Verhältnissen.

Es gibt heute eine wachsende Anzahl von Leuten, welche das ganze Leben berufstätig waren und nach ihrer Pensionierung Sozialhilfe in Anspruch nehmen müssen, um ihren Alltag finanzieren zu können.

Massnahmen:

-   Das klassische Instrument, um ein Minimum an Gleichheit aufrechtzuerhalten, ist die Abschöpfung von Kapital der Reichen. Die Einkommen der Wohlhabenden und Supergewinnenden der Globalisierung und ihre Vermögen sollten dynamischer besteuert werden.

-   Wir leben gegenwärtig in einer Phase, in der die Einkünfte aus

Erbschaften enorm wachsen. Wir werden in der kommenden Generation vermehrt Leute haben, die keiner Arbeit nachgehen müssen, weil sie vom Erbe leben können. Eine markante Erbschaftssteuer ist deshalb ein Gebot der Stunde.

- Mehr Steuern lassen die Administration und die Bürokratie wachsen. Es müssen deshalb Mechanismen gefunden werden, die den zentralen Staat nicht noch mächtiger machen. Eine bewährte Methode besteht darin, dass der Bund Gesetze erlässt und Rahmenentscheide fällt, aber den Kantonen, Berufsorganisationen und Interessengruppen die Ausführung überlässt. Dem Bundesstaat bleibt lediglich die Überwachung.

- Erhöhte Einnahmen aus Einkommenssteuern sollten für Erziehung und Bildung eingesetzt werden. Die Gründung privater Schulen sollte erschwert und die öffentlichen Schulen sollten massiv verbessert werden. Dazu gehört sicher auch eine Flexibilität für die Förderung von Hochbegabten. Wichtigstes Ziel sollte aber sein, die Chancengleichheit zu erhöhen.

- Eine Erbschaftssteuer sollte so organisiert werden, dass Erbschaften steuerfrei in eigenen Unternehmen investiert werden können. Familienstiftungen sollten Erbschaften steuerfrei verwalten können, allerdings mit der Auflage, dass die Mittel für Gemeinnützigkeit und Innovation verwendet werden. Die Einnahmen aus der Erbschaftsteuer sollten also nicht vom Staat verwaltet werden.

- Internationale, im Rohstoffhandel tätige Firmen sollten mit einer besonderen Gewinnsteuer belegt werden. Das dadurch gehäufte Kapital sollte zur Schaffung von Mehrwert in den Herkunftsländern der Handelsgüter verwendet werden. Die Schweiz könnte da als Pionierin wirken. Sie könnte einen Fonds schaffen, den die Firmen, die öffentliche Verwaltung und die Hilfswerke gemeinsam bewirtschaften. Man könnte sich dabei von den Erfahrungen der ITTO (International Tropical Timber Organization) inspirieren lassen.

- Das Gefälle zwischen der international ausgerichteten Wirtschaft und der Binnenwirtschaft muss reduziert werden, indem KMUs in Zusammenarbeit mit dem europäischen Ausland gefördert werden.

Die Globalisierung und der politische Kapitalismus schwächen die Grundsätze der liberalen Demokratie

Die schweizerische Volkswirtschaft wird immer internationaler. Schweizerisches Kapital wird im Ausland investiert. Andererseits werden grosse, transnationale Schweizer Firmen immer mehr von ausländischen Aktionären und Aktionärinnen kontrolliert. Der Standort Schweiz bleibt wichtig wegen der hochqualifizierten Mitarbeitenden und den rechtlichen und politischen Rahmenbedingungen. Die Swissness unserer «schweizerischen», global tätigen Grossunternehmen nahm aber in den letzten Jahrzehnten entschieden ab. Der Alleingang der Schweiz und ihr ungeklärtes Verhältnis zur EU bringen die Politik dazu, den globalen Markt vermehrt als Arbeitsgebiet der Schweizer Wirtschaft nutzen zu wollen.

Dies bezieht sich nun nicht nur auf den globalen Markt als Absatzmarkt, sondern auch auf die Produktionsstandorte. Dabei werden die schweizerischen Unternehmen und Investoren, Investorinnen in immer mehr Ländern mit einem regierungsgesteuerten Kapitalismus konfrontiert. Vornehmlich in Staaten mit einer eingeschränkten oder überhaupt nicht existenten demokratischen Tradition entsteht ein Kapitalismus ohne freien Markt. Die Wirtschaft wächst dank einem vom Staat betreuten und unterstützten Kapitalismus. Ausländische Unternehmen

werden nicht einfach auf Grund ihres Marktpotentials als Geschäfts-
partner, Geschäftspartnerin auserwählt, sondern ebenso aus wirt-
schaftsstrategischen Überlegungen. China ist das typischste und gleichzeitig das relevanteste Beispiel. Unternehmen, welche sich in der
Schweiz auf ein neoliberales Umfeld ausgerichtet hatten, müssen nun
in China die staatlichen Rahmenbedingungen und Kontrollsysteme akzeptieren. Mit dem Corporate Social Credit System (CSCS) werden die
Unternehmen in China in einer zentralen Datenbank kontrolliert. Offenbar gibt es 300 Kriterien, nach denen eine Firma durchleuchtet wird.
Entscheidend für den Zuschlag und damit den wirtschaftlichen Erfolg
sind nicht einfach die Qualität eines Produktes und der freie Markt. Der
Staat entscheidet mit dem CSCS über die Wünschbarkeit und Wichtigkeit einer Unternehmung für die eigene wirtschaftliche Strategie.

Wenn sich unsere Regierung in Ländern mit einem politischen Kapitalismus für unsere wirtschaftlichen Interessen stark macht, unterstützt
sie die kurzfristige Auftragsbeschaffung unserer Wirtschaft. Gleichzeitig
unterminiert sie aber die Werte, die die Schweiz im eigenen Interesse
international fördern sollte. Es ist eine Augenwischerei, wenn wir glauben, mit Wirtschaftsbeziehungen würden automatisch auch die Rechtsstaatlichkeit und die Menschenrechte gefördert.

Der Beginn des neuen Jahrhunderts lehrt uns, dass Kapitalismus ohne
Liberalismus und Demokratie möglich ist. Ja, es scheint, dass die Wirtschaft im Umfeld eines starken Staates, wo die Entscheidungswege kurz
sind, schneller wachsen kann als in einer Demokratie. In einem autoritären Regime ohne Checks and Balances, an dessen Spitze oft eine
starke Führerpersönlichkeit steht.

Dieses System des politischen Kapitalismus fand nun gerade in nationalkonservativen Kreisen eine gewisse Anhängerschaft. Die USA als Treiber
und Verteidiger des liberalen Kapitalismus nahmen unter Präsident
Trump eine Position ein, welche der neuen Entwicklung angepasst ist.
Der Staat verbietet Unternehmen, in gewissen Ländern zu wirken, und
droht ausländischen Firmen mit Strafzöllen, wenn sie die US-amerikani-
sche Industrie gefährden. Die liberale Weltwirtschaft mit einem multilateralen Regelwerk, das unsere Welt seit dem 2. Weltkrieg stützte,

wird nun ersetzt durch ein Primat der Eigeninteressen, welche je nach eigener Hebelkraft international durchgesetzt werden. Für die Schweiz ist die Entwicklung relevant, weil schweizerische Firmen sich im Ausland mit den neuen Begebenheiten, die den eigenen Werten und Vorgehensweisen widersprechen, abfinden müssen. Wir werden aber auch in der Schweiz vermehrt Unternehmen haben, deren Besitzer und Besitzerinnen in einem autoritären Staat verwurzelt sind und gemäss den strategischen Interessen des Mutterlandes handeln müssen.

Folgerungen:

- Die starke Integration der Schweizer Wirtschaft in globale Produktions- und Handelsabläufe macht uns immer abhängiger von Wertschöpfungsketten unter fremder Kontrolle.

- Je stärker die Schweizer Wirtschaft in globale Verflechtungen einbezogen ist, desto mehr gerät sie in die Abhängigkeit von Unternehmen, welche den Prinzipien des politischen Kapitalismus unterliegen. Damit werden auch unsere Unternehmungen der Politik einer ausländischen Regierung unterstellt.

- Globalisierung heisst auch, dass immer mehr Unternehmen in der Schweiz den Strategien und der Politik von Staaten mit politischem Kapitalismus folgen und damit das schweizerische System schwächen.

Massnahmen:

- Wir sollten überprüfen, ob für die Schweiz sogenannt systemrelevante Unternehmen tatsächlich schweizerisch und den Grundsätzen der liberalen Marktwirtschaft mit sozialer Verantwortung und Nachhaltigkeit verpflichtet sind.

- Wir müssen entscheiden, wieviel Globalisierung wir wollen, damit unser eigenes Wertsystem nicht gefährdet ist.

- Wir sollten prüfen, wie kohärent unsere Aussenpolitik tatsächlich ist. Wir laufen Gefahr, Rechtstaatlichkeit und Menschenrechte nur solange dies die Interessen schweizerischer Unternehmen nicht beeinträchtigt, einzufordern.

Wir brauchen eine verstärkte internationale Gouvernanz und Koordination

Die Tendenzen der Globalisierung und die Herausforderungen des 21. Jahrhunderts verlangen nach einer globalen Gouvernanz, nach multilateralen Verträgen oder mindestens internationaler Zusammenarbeit. Können wir der Multilateralität ausweichen durch eine Stärkung des Bilateralismus? Die Antwort ist nein. Als Kleinstaat brauchen wir Komplizen und Komplizinnen, Gleichgesinnte, welche der Schweiz helfen, mit unseren Werten kompatible Lösungen durchzusetzen und die Interessen kleiner Staaten abzusichern. Dies umso mehr, als wir sehen, dass die Grossmächte ihren Willen machtpolitisch durchsetzen und kaum Rücksicht auf Kleinstaaten nehmen. Wir brauchen eine liberale Weltordnung, welche multilateral abgesichert ist. Es ist eine Illusion zu meinen, wir könnten, in Anlehnung an das Verhalten von Supermächten, im Alleingang nach dem Prinzip von »Switzerland First» Erfolg haben.

Als Kleinstaat haben wir Mühe, unsere wirtschaftlichen Interessen auf dem Weltmarkt zu verteidigen. Wir brauchen multilaterale Absprachen und eine minimale Gouvernanz, an die sich auch die Grossmächte halten. Bei der Gründung des Bundesstaates war die diskret schützende Hand Grossbritanniens eine wichtige Garantin dafür, dass ein freiheitliches Staatswesen in einem Europa, wo die liberalen Revolutionen verloren hatten, entstehen konnte. Heute dürfen wir nicht mit einem ähnlichen Szenario rechnen. Die Grossmächte vertreten wirtschaftspolitisch nationalistische Machtansprüche.

Schlussfolgerungen:

- Wir brauchen Verbündete, die mit uns für eine liberale Weltordnung einstehen.

- Wir brauchen eine aktive Aussenpolitik, welche sich in internationalen Gremien für liberale, föderale, die Autonomie der Staaten respektierende Regelungen einsetzt. Es geht dabei nicht darum, das schweizerische Modell zu globalisieren. Es geht darum, dass die Globalisierung Raum lassen soll für Ländervielfalt und unterschiedliche Entwicklungsgeschwindigkeiten der einzelnen Länder.

- Wie müssen uns für dezentrale Lösungen einsetzen, weil zentralisierte internationale Organisationen - seien es regionale Vereinigungen wie die EU oder Unterorganisationen der UNO - sich als sehr schwerfällig und ineffizient erweisen. Politische Entscheide sollten multinational gefällt werden und für die Überwachung ihrer Umsetzung braucht es effiziente und glaubwürdige Akteure und Akteurinnen. Falls die operationelle Verantwortung nicht dezentralisiert und ausgelagert werden kann, braucht es unabhängige Auditstellen, welche die Beachtung und Ausführung der Entscheide kontrollieren.

Das internationale Machtgefälle und die unterschiedlichen Anpassungsgeschwindigkeiten der nationalen Wirtschaften machen Mechanismen notwendig, welche für einen Ausgleich sorgen. Die internationale Entwicklungszusammenarbeit kann da einen namhaften Beitrag leisten. Es geht einerseits um humanitäre Hilfe, mit deren Mittel ein akutes Problem gelöst werden soll. Wobei das Schwergewicht in Wahrheit mehr und mehr auf der Unterbindung der Migration aus dem Süden liegt, was zeigt, dass das Humanitäre oft gut klingt, aber doch vor allem kurzfristigen Eigeninteressen dienen soll. Die langfristige Zusammenarbeit hiess anfänglich Entwicklungshilfe, später Entwicklungszusammenarbeit und heute heisst sie internationale Zusammenarbeit. Diese neue Bezeichnung bringt zum Ausdruck, dass Handlungsbedarf nicht einfach bei den Anderen, sondern auch bei uns vorhanden ist. Dieser Forderung Rechnung zu tragen ist anspruchsvoll, weil langdauernd und kompliziert, da innenpolitische Entscheidungen und Massnahmen notwendig sind.

Die Aussenpolitik in der Referendumsdemokratie braucht eine Beteiligung der Zivilgesellschaft

Die Aussenpolitik im Kleinstaat Schweiz, der geprägt ist durch Referendum, Föderalismus und Gemeindeautonomie, war und ist ein Stiefkind im schweizerischen Politbetrieb. Die Neutralität war der rote Faden, entlang dessen sie sich entfaltete. Nach dem Zweiten Weltkrieg wurde die Neutralität durch zwei weitere Grundsätze ergänzt: Solidarität und Universalität.

Die Solidarität war spätestens seit der Gründung des IKRK und besonders während des zweiten Weltkriegs ein wichtiges Merkmal der Schweiz. Sie wurde aber praktisch ausschliesslich von der Zivilgesellschaft getragen. Noch Bundesrat Petitpierre glaubte nicht daran, dass der Gedanke der Solidarität - insbesondere mit aussereuropäischen Gebieten - mehrheitsfähig sein könne und bat private Organisationen, sich aktiv für die armen Länder zu engagieren. Seit dem Aufruf von Präsident Kennedy in seiner Antrittsrede 1961 setzte sich die Eidgenossenschaft mit der Ernennung eines Delegierten für technische Zusammenarbeit für die Hilfe in den armen Ländern ein. Ausführende der konkreten Aktionen blieben aber weitgehend private Hilfswerke.

Nach der Annahme des Gesetzes für Entwicklungszusammenarbeit 1975 schuf der Bund eine entsprechende Direktion im Aussenministerium. Damit machte die Schweiz die Auslandhilfe und Solidarität zur Staataufgabe. Bis 2008 funktionierte die Entwicklungszusammenarbeit des Bundes operationell autonom und mit eigenem Erscheinungsbild. Durch die Reorganisation des Aussenministeriums sollten alle Dimensionen der Aussenpolitik (Die Aussenwirtschaftspolitik, die Verteidigungspolitik, die internationale Entwicklungszusammenarbeit und die klassische Diplomatie) im Ausland durch die Botschafter vertreten werden.

Die Rolle der Zivilgesellschaft wandelte sich im Verlaufe der Jahre. Ursprünglich Initiantin, wurde sie mit dem neuen Gesetz zur Partnerin und nach dem Ende des Kalten Krieges in den 90er Jahren de facto zum Ausführungsorgan des Staates.

Während der Bund noch 1982 zusammen mit den Hilfswerken Intercooperation, eine neue Durchführungsorganisation, gründete, übernahm er in der Folge immer mehr die direkte Verantwortung. Die wichtigsten Hilfswerke erhielten zwar noch finanzielle Beiträge, aber grundsätzlich wurden alle Aufträge nach WTO-Regeln ausgeschrieben. Damit kam die DEZA der Kritik aus der Privatwirtschaft entgegen, welche die Bevorzugung der Hilfswerke bemängelt hatte.

Mit der Reorganisation von 2008 vollzog die Schweiz einen Schritt, den die nordeuropäischen Länder bereits in den 90er Jahren unternommen hatten: Die IZA wurde vollständig ins Aussenministerium integriert. Sie wurde dort als wichtigster Budgetposten zum beliebten Arbeitsfeld für die jeweiligen Aussenminister bzw. -ministerin. Die internationale Entwicklungszusammenarbeit nahm nun mit jedem Minister, der Ministerin eine andere Richtung, ohne dass dies von Parlament oder Öffentlichkeit kritisch hinterfragt worden wäre. Zuerst sollte die Internationale Zusammenarbeit die Speerspitze einer aktiven Aussenpolitik werden. Der Unterschied zwischen klassischen Diplomaten, Diplomatinnen und Entwicklungshelfern, Entwicklungshelferinnen wurde eingeebnet und das Budget für Öffentlichkeitsarbeit der Direktion für Entwicklung und Zusammenarbeit (DEZA) wurde zum eigentlichen PR- Fundus des Ministeriums. Unter dem nächsten Minister wurde – mitfinanziert von Entwicklungsgeldern - das schweizerische diplomatische Netz «Tous les Azimuts» durch die Eröffnung neuer Botschaften erweitert. Die Schweiz wurde zum Musterknaben der UNO. Die zu Entwicklungsdiplomaten und -diplomatinnen mutierten DEZA-Mitarbeitenden beteiligten sich aktiv an der Erarbeitung neuer Grundsätze der internationalen Zusammenarbeit durch UNO und OECD (die neuen Prinzipien für internationale Zusammenarbeit von Busan 2011) und der Agenda 2030.

Unter dem dritten Bundesrat rückt die multilaterale Zusammenarbeit und das Engagement für die Agenda 2030 auch in der der internationalen Zusammenarbeit in den Hintergrund. Die bewährten Prinzipien der schweizerischen Aussenpolitik wurden ersetzt durch das Credo, Aussenpolitik müsse Interessenpolitik sein. Langfristige Strategien wurden fallen gelassen und durch kurzfristige Interessenpolitik in den Bereichen Migration und Zusammenarbeit mit der Privatwirtschaft ersetzt.

2019 prägte der Bundesrat dann einen weiteren Slogan: «Aussenpolitik ist Innenpolitik». Erstmals schickte er den neuen Rahmenkredit für die IZA in die Vernehmlassung. Damit verschaffte sich die Zivilgesellschaft von Neuem ein Gehör. Armutsbekämpfung und Klimawandel erhielten mehr Raum. Aber erst die grüne Kampagne von 2019 machte die ökologischen Anliegen wirklich zu einem innenpolitischen Thema. Die Agenda 2030 zeigt mit aller Deutlichkeit, dass die Zielerreichung nur möglich ist mit vermehrtem Engagement des Privatsektors und der Zivilgesellschaft. Es braucht eine transformationsorientierte Politik, welche die Gesamtpolitik der Regierung durchdringt.

Daraus ergeben sich folgende Notwendigkeiten:

- Die Internationale Zusammenarbeit muss langfristig und strategisch ausgerichtet sein. Sie muss Teil eines transformatorischen Prozesses sein, der alle Politikbereiche, insbesondere auch die Innenpolitik, einschliesst.

- Die internationale Entwicklungszusammenarbeit (IZA) muss auch innenpolitisch breiter abgestützt sein.

- Wir müssen im Parlament, aber auch in der Zivilgesellschaft, mehr aussenpolitische Kompetenz aufbauen. Die IZA darf nicht abhängig von den kurzfristigen Prioritäten des Aussenministers, der Aussenministerin oder des Parlaments sein.

- Die IZA braucht eine aktive Rolle der Zivilgesellschaft und der Privatwirtschaft. Für ihre innenpolitische Verankerung, aber auch in der Ausführung. Die IZA ist der Teil der Aussenpolitik, wo globale Entwicklungen und der entsprechende innenpolitische Handlungsbedarf erkennbar sind. Die Zivilgesellschaft kann hier lernen, welche innenpolitische Konsequenzen aus globalen Entwicklungen entstehen können.

- Damit wird die Zivilgesellschaft zu einer zentralen Akteurin als Brückenbauerin zwischen den globalen Herausforderungen und den möglichen innenpolitischen Antworten.

- Bedingung dafür ist allerdings, dass neue Kräfte mobilisiert werden können. Die Zivilgesellschaft darf nicht nur in einer Ecke des parteipolitischen Spektrums zuhause sein.

Das Problem der Kohärenz

Die Kohärenz unserer Aussenpolitik ist ein langjähriges Postulat unserer Behörden. Sie erhält in der aussenpolitischen Strategie, die der Bundesrat jeweils dem Parlament vorlegt, regelmässig einen hohen Stellenwert. Mit der Reorganisation von 2008 wurden nun konkrete Schritte unternommen, um die verschiedenen Bereiche der Aussenpolitik in ein kohärentes Ganzes zu bündeln. Der Botschafter, die Botschafterin vor Ort hat die Aufgabe, diese ganzheitliche schweizerische Aussenpolitik zu vertreten. Es geht dabei um wirtschaftliche Interessen (Aussenwirtschaftspolitik), um die Stärkung der globalen Gouvernanz (Multilateralismus), um das Völkerrecht (Rechtsstaatlichkeit und Menschenrechte) sowie um die internationale Zusammenarbeit.

Die Zunahme von Staaten mit einem politischen Kapitalismus und die Schwächung des multilateralen Regelwerkes macht diese Kohärenz in der Aussenpolitik immer schwieriger.

Die Spannung zwischen kurzfristigen Interessen der Unternehmen und das Anliegen gute Regierungsführung und Menschenrechte zu fördern, droht die Kohärenz zu gefährden.

Die grossen Herausforderungen des 21. Jahrhunderts haben im politischen System der Schweiz zur Folge, dass der Bürger, die Bürgerin zu innenpolitischen Massnahmen Stellung nehmen muss, die eine Kenntnis der internationalen Zusammenhänge voraussetzen.

Eine nachhaltige Aussenpolitik der Schweiz im 21. Jahrhundert darf deshalb nicht das Monopol von Regierung und Verwaltung sein. Der Bürger und die Bürgerin werden zu wichtigen Entscheidungsträgern und -trägerinnen. Gerade in der internationalen Entwicklungszusammenarbeit ist die Interdependenz zwischen aussen und innen besonders wichtig. Diese sollte in Zukunft so gestaltet werden, dass der Bürger, die Bürgerin über zivilgesellschaftliche Strukturen im breitesten Sinn mit der Ausführung von entwicklungspolitischen Massnahmen betraut wird. Es geht hier um private Unternehmen, NGOs, Think Tanks, Universitätsinstitute und Interessengruppen. Diese sind in der Lage, gegen aussen zu wirken und gleichzeitig innenpolitisch die Notwendigkeit des Handelns verständlich zu machen.

5.3   Wie reformfreudig ist die Schweiz?

Dieses Kapitel hat oben das Wünschbare, vielleicht Utopische gezeigt. Nun soll versucht werden, das praktisch Umsetzbare, Realistische zu beleuchten. Sind Analyse und Vorschläge in diesem Papier relevant, sind sie gar realistisch?

Wenn dem so wäre müsste die Frage gestellt werden, ob die Umsetzung in der heutigen innenpolitischen Realität möglich sei.

Die Schweiz hat sich in den letzten Jahren wirtschaftlich und politisch gut behauptet. Verglichen zu unseren Nachbarländern haben wir den Alleingang seit der Ablehnung des EWR und der Finanzkrise 2008/9 gut bewältigt. Der Schweizerweg hat sich als robust erwiesen. In dieser Situation Neuorientierungen oder auch nur politische Anpassungen in Betracht zu ziehen, erscheint wenig realistisch. Es geht uns zu gut, um Motivation für Veränderungen zu mobilisieren.

Besonders schwierig ist, dass die vorgeschlagenen Anpassungen Einschränkungen im Konsumverhalten, neue Beziehungen mit strukturschwachen Staaten und schliesslich gar eine Beschränkung unserer Souveränität nach sich ziehen würden. Das ist bittere Medizin. Die Überbringer dieser Botschaft werden leicht zu Belehrenden gestempelt, was keine gute Voraussetzung für Handeln ist. Da stellt sich natürlich die Frage, ist unsere Demokratie geeignet für das 21. Jahrhundert? Unser System verlangt Kleinarbeit, Hartnäckigkeit und langwierige Verhandlungen, was langsame Entscheidungsprozesse nach sich zieht.

Unsere Gesellschaft wird politisch bestimmt durch die alternde Generation, welche kaum reform- und experimentierfreudig ist. Die Jugend ihrerseits braucht kurzfristige Aktionen, für welche sie sich engagieren kann. Also, wo sind die Kräfte, die vorwärts gehen wollen, ohne vorwärts zu stürmen? Sind unsere politischen Instrumente und Mechanismen flexibel genug Änderungen durchzusetzen? Können wir genug kreative Kräfte mobilisieren? Sind unsere demokratischen Rechte nicht zu stark anfällig, um Entscheide durch kleine finanzstarke Lobbies im Sinne von Partikularinteressen zu kippen? Wir könnten durch Nichthandeln automatisch zurückgebunden werden, was uns langfristig zum europäischen Durchschnitt werden liesse. Die Schweiz könnte so mindestens EU-kompatibel werden.

Da drängt sich natürlich ein Blick auf die politischen Parteien auf, auf die Kantone aber auch auf die Zivilgesellschaft auf.

5.4 Wer führt uns in das 21. Jahrhundert?

Die Rolle der Parteien

Die wichtigen Entscheidungsträger sind die Parlamentarier. Als Wegbereiter und politisches Rückgrat dienen die politischen Parteien.

Diese haben die Aufgabe, den politischen Alltag zu bewältigen. Es geht darum, Kompromisse zu schliessen und andere zu überzeugen. Ihr Handeln ist geprägt durch das Bedürfnis die kommenden Wahlen zu gewinnen. Sie müssen deshalb ein Ohr und ein Sensorium haben für die unmittelbaren Sorgen der Stimmbürger. Oft reagieren sie auf Entwicklungen, wenn genügend Druck der Mitglieder oder der Öffentlichkeit generiert wird. Es entsteht ein Immediatismus, der sich in der Lancierung von Volksinitiativen äussert. Das sind schlechte Voraussetzungen für langfristige Strategien oder gar Visionen. Wollen wir Veränderungen herbeiführen, müssen die Bedürfnisse an der Basis formuliert werden. Hier entsteht der Druck zum Handeln.

Wie steht es mit den Institutionen?

Das eidgenössische Parlament

Die Wahlen 2019 waren im Hinblick auf Wandel ein positives Ereignis: Es gab mehr Junge und mehr Frauen. Vor allem mit den Frauen ist die Hoffnung verbunden, sie seien mehr konsens-und lösungsorientiert. Von den Jungen ist ein Vorwärtsdrang zu erwarten. Ob wir damit ein zukunftsfreudigeres Parlament erhalten haben, ist zu bezweifeln.

Der Link zwischen Globalisierung und Innenpolitik würde von den Parlamentariern auch mehr aussenpolitische Kompetenz verlangen. Die Aussenpolitik ist bisher klar die Domäne der Regierung und der Verwaltung. Gegenwärtig wird plädiert, dass Aussenpolitik auch Innenpolitik sei. Das ist ein überzeugendes Schlagwort, dem vorläufig der Inhalt fehlt. Der Bundesrat spricht davon, dass in Zukunft internationale Soft Laws im Parlament besprochen werden sollen. Das ist noch ein wenig dünn.

Die Kantone

Das kürzlich durchgeführte Vernehmlassungsverfahren für den Rahmenkredit der internationalen Zusammenarbeit hat gezeigt, dass die Kantone eine Struktur des Föderalismus und damit der Innenpolitik sind. Die kleinen Kantone waren nicht in der Lage einen substantiellen Beitrag zu leisten. Ihre Antwort ging inhaltlich kaum über einen Einzeiler hinaus. Die grossen und städtischen Kantone sowie die Westschweiz haben umfassend und kenntnisreich geantwortet. Dies zeigt eine neue Gefahr: Will der Bundesrat, die Kantone an der Aussenpolitik beteiligen, werden die grossen Kantone ihr Gewicht auf den Entscheidungsprozess vergrössern. Die Kleinen bleiben praktisch ohne Gewicht. Das ist für den Föderalismus gefährlich. Einen Schritt vorwärts wäre der vermehrte Beizug der kantonalen Regierungsdirektorenkonferenzen. Diese müssten über ein professionelles Sekretariat verfügen, das die Kantonsvertreter frühzeitig über Inhalte und Konsequenzen gewisser Geschäfte vorbereiten könnte.

Die Berufs- und Interessenverbände.

Seit den Studien von Erich Gruner in den 60-er und 70- er Jahren des letzten Jahrhunderts wissen wir um die nicht immer sehr transparente Rolle der Interessenvertretungen der Verbände in den Experten- und den vorberatenden Kommissionen im Gesetzgebungsverfahren. Wir haben auch gelernt, dass ihre Rolle die Bedeutung der direkten Demokratie beeinträchtigt. Im Hinblick auf die Jahrhunderttauglichkeit der Schweiz ist die Rolle der Verbände in einem anderen Licht zu sehen: Die schweizerische Wirtschaft ist dermassen internationalisiert, dass ihre Vertreter in den Verbänden bestens informiert sind über internationale Entwicklungen und deren Einfluss auf die Innenpolitik. Die Verbandsvertreter könnten deshalb eine Kraft der Innovation sein.

Eine wichtige Rolle stellt die Interessenvertretung der KMU dar. Der Gewerbeverband ist noch immer im Gängelband seiner antietatistischen Ideologie und zeigt sich wenig durchlässig für innovative zukunftsorientierte Lösungen. Im Grunde bestehen grosse Unterschiede zwischen dem traditionellen Gewerbe und den KMUs. Letztere sind die Innovationszellen unserer Wirtschaft und müssten auf den Bundesstaat entsprechend Einfluss nehmen können.

Zivilgesellschaft.

Die Schweiz ist seit den 30-er Jahren des 19. Jahrhunderts das Land der Vereine und Klubs. Dies sind die Vorläufer unserer Zivilgesellschaft. Hier soll Zivilgesellschaft sehr breit gefasst werden: Es sind ONGs, Universitätsinstitute, Interessengruppen und Stiftungen. Sie spielen in unserem Sozialgewebe eine zentrale Rolle. Sie sind in der Regel parteiunabhängig und - übergreifend, haben eine hohe Mobilisationskapazität und stellen einen wichtigen gesellschaftlichen Verbindungsstoff dar.

Die Zivilgesellschaft sollte eine wesentliche Rolle spielen für die Schweiz im 21.Jahrhundert. Sie ist prädestiniert für den Aufbau von Kompetenzen und Expertise über internationale Entwicklungen und Herausforderungen und stellt ein Kapital für die Beratung von Verwaltung und Entscheidungsträgern.

Sie spielt operationell eine wichtige Rolle bei der Durchführung von Massnahmen der internationalen Zusammenarbeit und ist ein Brückenbauer zwischen Regierung, Akademia und der Privatwirtschaft.

Die Zivilgesellschaft ist ein Träger und Kanal von Kommunikation mit dem breiten Publikum aber auch zwischen Regierung, Verwaltung und den Bürgern.

Die Zivilgesellschaft ist eine wichtige Ressource, die mithilft, die Schweiz fit für das 21. Jahrhundert zu schaffen. Allerdings die Träger zivilgesellschaftlicher Organisationen brauchen Autonomie und Unabhängigkeit von Regierung und Parteien. Sie brauchen aber auch transparente Strukturen und klare Entscheidungsmechanismen.

Die fünfte Schweiz

Die andere ungenutzte Ressource sind die Auslandschweizer. Sie sind in ihrem Umfeld gut verankert und verfügen in der Regel über ein ausgezeichnetes Netzwerk. Seit 2008 wurden unsere offiziellen Vertretungen vervielfacht mit dem Ziel, die Interessen der Schweiz besser vertreten zu können. Es geht dabei weitestgehend um wirtschaftliche Interessen. Es wäre sinnvoll, die Rolle all dieser Botschaften auf ihre Wirkung zu untersuchen. Über die fünfte Schweiz und die Zivilgesellschaft würden sich vermutlich kostengünstigere und wirkungsvollere Kanäle ergeben.

Wie weiter?

Von den Politikern wird die Fitness der Schweiz für das Jahrhundert oft an der Bereitschaft zur Digitalisierung gemessen. Im Zentrum steht die Konkurrenzfähigkeit der schweizerischen Wirtschaft und das Potential

Genfs als internationalen Hub auszubauen. Sie sehen ihre Aufgabe darin, die Schweiz für diese Entwicklung fit zu machen.

Das ist zu kurz gegriffen, wenn nicht gleichzeitig der Schutz der Privatsphäre und die Möglichkeit des Individuums, autonom zu handeln geschützt wird. Es ist das andere Gesicht der Digitalisierung, für das wir kaum Lösungen haben. Die Debatte über die Fitness darf nicht an den Politikern und den Parteien hängen bleiben. Diese müssen gewählt werden und Abstimmungen gewinnen. Ihre Sicht ist deshalb kurzsichtig und taktisch.

Wir benötigen aber Weitsicht und Strategien. Wollen wir das Postulat, «Aussenpolitik ist Innenpolitik» umsetzen, brauchen wir die Zivilgesellschaft im weitesten Sinne. Wir brauchen Interessengruppen und – verbände, müssen aber schauen, dass dort mehr zukunftsorientierte Kräfte das Sagen haben. Wir brauchen Gruppen als Sauerteig für Innovation und müssen darauf bedacht sein, möglichst viele demokratische Werte für die Zukunft zu retten. Wir müssen uns bewusst sein, es gibt nicht nur die nationalkonservativen Kräfte, die in diesem Papier zur Sprache kommen. Es gibt namhafte Ökonomen, welche der Demokratie und der Mehrheit die Fähigkeit absprechen, eine Gesellschaft ins 21. Jahrhundert zu führen. Sie plädieren für eine Reduktion der demokratischen Rechte und mehr Kompetenzen für die Eliten. Wir wissen nicht genau, wohin es geht. Je mehr Bürger sich aber diese Frage stellen, desto grössere Chancen haben wir, dass diese Zukunft demokratisch und pluralistisch sein wird.

Nachwort, Mitte Mai 2020:
Wie viel Globalisierung brauchen wir?

Da, so hoffe ich, das Gröbste der Corona Krise überwunden ist, stellt sich mir die Frage: Was wird sich verändern? Und in diesem Zusammenhang: Wieviel Globalisierung brauchen wir?

Das Jahr 2020 suchte die Welt erstmals mit einer globalen Pandemie heim: mit dem Virus COVID-19. Sie erfasste die reichen Länder härter als die strukturschwachen Staaten und führte uns die Fragilität unserer globalisierten Gesellschaft deutlich vor Augen. Brauchen wir nun mehr Globalisierung, um Pandemien in den Griff zu bekommen, oder müssen wir uns vermehrt durch klarere Abgrenzung schützen?

Es ist davon auszugehen, dass unsere wirtschaftliche, technologische und gesellschaftliche Verwicklung mit dem ganzen Globus so vielfältig ist, dass wir auch nach der Krise ein international ausgerichtetes Land bleiben werden. Wir werden ein sehr aktiver und nutzniessender Player bleiben.

Die ersten Wochen der Krisenbekämpfung zeigten uns aber bereits, wo kritische Vorbehalte notwendig sein werden:

- Einzelne Staaten vergassen ihre internationalen Verpflichtungen teilweise und beschlossen eigene interne und mit Anderen nicht abgesprochene Massnahmen. Wir müssen also auch bereit sein, in Zeiten der Krise allein und eigenverantwortlich zu handeln.

- Das Krisenmanagement zeigt uns aber auch innerschweizerische Probleme: Die Kantone und der Bund handelten nicht einheitlich. Der Föderalismus zeigte deutlich seine Grenzen.

- Wir vernachlässigten in der Sparwut des Neoliberalismus und im Wettbewerb um optimale Steuerstandorte minimale Vorsorge: Die Pandemiestrategien wurden nicht umgesetzt.

- Die Krise zeigt aber auch, dass unsere - weltweit führende - Pharmaindustrie nicht in der Lage ist, uns zuverlässig mit Medikamenten der Grundversorgung zu versehen. Die internationale Arbeitsteilung geht heute so weit, dass diese weitgehend in Asien produziert werden. Wenn dort Engpässe entstehen, hapert es mit der medizinischen Versorgung auch in der Schweiz. Wir konnten glücklicherweise noch rechtzeitig Schutzmasken aus China importieren. Diese wurden jedoch vom deutschen Zoll aufgehalten. Eine solche grenzpolizeiliche Massnahme erlebten wir vermutlich seit dem 2. Weltkrieg nicht mehr. Die Ware wurde dann nach Intervention auf höchster Ebene freigegeben. Die deutsche Bundeskanzlerin liess verlauten, die deutschen Behörden hätten sicher gehen wollen, dass die Güter in die richtigen Hände gelangten! Eigentlich ein unakzeptables Verhalten und eine wenig überzeugende Beschwichtigung, die einen bitteren Nachgeschmack hinterlässt.

Wir kommen nicht darum herum, unter Berücksichtigung unserer internationalen Verbundenheit genauer hinzusehen, was wir innerhalb der eigenen Grenzen vorsorgen müssen. Wie weit können wir uns auf die Nachbarn verlassen? Wie stark hängen wir vom politischen und wirtschaftlichen Wohlwollen von Ländern ab, die uns in Zeiten der Krise bloss noch nach eigenem Gutdünken bedienen? Jedenfalls wird die Pandemie des Jahres 2020 in unserem Land den Kräften Auftrieb geben, welche weniger Internationalismus und mehr Autarkie fordern. Denn es gibt ja überhaupt keinen Grund zur Annahme, dass uns keine Pandemie mehr heimsuchen wird.

Zwei Überlegungen sollen hier noch angesprochen werden: Eine sehr kurzfristige und unmittelbare und eine langfristige, spekulative.

Was veränderte sich in der schweizerischen Politik durch die Krise? Die Sondersession des Parlamentes im Mai hätte vielleicht darüber Aufschluss geben können. Die Debatten zeigten aber, dass eine vorläufige

Bilanz verfrüht ist. Alle Parteien nutzten die Gelegenheit, um ihre bekannten programmatischen Standpunkte zu vertreten. Der Virus machte sich da inhaltlich kaum bemerkbar. Die einzige Partei, die etwas Profil zeigte, ist die SVP mit ihrem Ruf nach rascher Normalisierung. Die Initiative der FDP-Leitung für eine Steuerreform erwies sich dagegen als Rohrkrepierer.

Wie wird die globale Entwicklung uns in Zukunft beeinflussen? Wie kann der Virus nachhaltig eingedämmt werden? Die Experten sind sich einig, dass dazu ein Impfstoff notwendig ist. Klare Voraussagen sind schwierig, ich kann nur spekulieren. Die Chancen sind 2:1, dass China einen wirksamen Impfstoff zuerst entwickelt. Wenn dies zutrifft, so eine weitere Spekulation, wird China diesen Impfstoff mit viel Begleitmusik in Zusammenarbeit mit der WHO der ganzen Welt verfügbar machen. Damit erschlägt die Volksrepublik drei Fliegen auf einen Streich:

- China kann demonstrieren, dass die chinesische Forschung der westlichen ebenbürtig ist.

- China kann sich global als nützlicher und selbstloser Player präsentieren.

- China wird bewusst die multilaterale Karte spielen und so den Gegensatz zu den USA hervorheben, welche den bilateralen Weg betonen und mit Sanofi den Impfstoff vorerst für den eigenen Markt finanzieren wollen.

Das andere Szenario ist, dass der Impfstoff zuerst in den USA oder in Europa produziert wird. Die Diskussion um das Projekt von Sanofi zeigt, dass es sofort einen Disput über die Verteilung geben würde. Zudem stellt sich die Frage, ob der Westen überhaupt über die Kapazität für eine Massenproduktion verfügt.

Global müssen wir davon ausgehen, dass das Gezänk zwischen China und den USA weitergeht. China wird seine Position weiter stärken können. Veränderungen sind wohl erst zu erwarten, wenn seine Jugend aufmuckt. Die USA werden, wer auch immer der neue Präsident sein wird, gezeichnet sein durch die tiefe Spaltung der Gesellschaft.

Weniger spekulativ ist die Prognose einer wirtschaftlichen Rezession. Sie wird in den USA besonders gravierend sein und die Lage in Europa inklusive der Schweiz beeinflussen. Für die Schweiz sehe ich drei verschiedene Konfliktfelder:

- Wie wird die Schweiz mit dem Ruf nach mehr wirtschaftlicher Eigenständigkeit umgehen? Eine Zurücknahme gewisser Elemente der Wertschöpfungsketten und die verstärkte Produktion von Gütern in der Schweiz könnte dem freien Markt widersprechen. Wir würden uns damit der Praxis des politischen Kapitalismus nähern, da der Staat vermehrt in die Wirtschaftsentwicklung eingreifen würde. Wie wäre dies mit unseren Grundwerten vereinbar?

- Neoliberalismus und Globalisierung haben uns grosse Einkommensunterschiede beschert und den Anteil der Bevölkerung in der Armutsfalle vergrössert. Die Bewältigung der anstehenden Wirtschaftskrise wird unweigerlich mit der Frage umgehen müssen, welches Gefälle wir uns leisten können. Der Druck Richtung wirtschaftlichem und sozialem Ausgleich wird wachsen.

- Ein Rückbau der Globalisierung würde möglicherweise unsere Beziehungen zum europäischen Ausland intensivieren. Es ist aus Kosten Gründen nicht wahrscheinlich, dass wir die Produktionen wesentlicher Güter aus Asien in die Schweiz zurückholen können. Europa im Mittelmeerraum wäre als Produktionsstandort besser geeignet. Allerdings müssten die strukturschwachen Staaten der EU sich von den Fesseln des Euro befreien können. Wahrscheinlich müsste die EU flexibler werden und eventuell sogar auf den Euro verzichten.

Die gegenwärtige Krise öffnete uns die Augen für ein strukturelles Problem, das nach deren Abklingen weiterbestehen wird: Der ressourcenverzehrende Wachstumsglaube, Neoliberalismus und Globalisierung schaffen international und national immer grössere Ungleichheiten. Klimawandel, Armut, Migration sind ungelöste Probleme und - wer weiss - die nächste Pandemie klopft vielleicht schon bald an unsere Türen. Je rascher wir diese Krisen als Herausforderung annehmen und bewältigen können, desto besser wird es uns gelingen, die Grundelemente unseres politischen Systems weiterzuentwickeln und damit das langfristige Wohlergehen der Bevölkerung zu konsolidieren.

Zeitfracht Medien GmbH
Ferdinand-Jühlke-Straße 7
99095 Erfurt, Deutschland
produktsicherheit@kolibri360.de